11 Fairy Tales in Spanish and English with Audio

Improve your Spanish or English reading and listening comprehension skills

No part of this book, including the audio material, may be copied, reproduced, transmitted, or distributed, in any form, without prior written permission of the author. For permission requests, write to: Frédéric BIBARD at contact@mydailyspanish.com

Also available:

10 Bedtime Stories in Spanish and English with audio Vol 1
10 Bedtime Stories in Spanish and English with audio Vol 2
10 Bedtime Stories in Spanish and English with audio Vol 3
Spanish Short Stories for Beginners Volume 1

For more products by My Daily Spanish, visit store.mydailyspanish.com

"If you want your children to be intelligent, read them fairy tales.
If you want them to be very intelligent, read them more fairy tales."

- Albert Einstein

CONTENTS

QUICK DISCLAIMER

The fairy tales included in this book are based on the original texts as it was first written by the original authors. You might come across some words and translations that may already be deemed archaic by today's standards. This is to preserve the authenticity of the language used by the authors.

Thanks

INTRODUCTION

There was once a mother who asked Albert Einstein what books her child should read to become a successful scientist.

"Fairy tales," came Einstein's reply.

Unsure about his answer, she asked again, "What other books should I read to him *after* that?"

"More fairy tales," Einstein replied once more.

You see, fairy tales expand imaginations and shape young minds to think outside the box. Stories of faraway lands push the boundaries of thinking, and trigger a creative mindset among young children. Fairy tales also teach children about the consequences of wrong decisions, as well as give them a strong sense of what is right and wrong. But, more importantly, fairy tales make reading fun, and pave the way for a lifelong love of reading.

Reading as a Way to Learn a Language

Reading can be a fun way to practice learning a language. You will gain new vocabulary quickly and even pick up grammar structures naturally. With a good reading habit – something that can be nurtured with the right reading materials – you will be able to polish your language skills so much more easily than when trying to memorize vocabulary and grammar rules step by step.

Boost Your Spanish and English through Reading Fairy Tales

This book contains ten different fairy tales written in Spanish and English. Some of these fairy stories you might already be familiar with; some may be new to you. But one thing is for sure, these are not only for children, they're for adults, too!

If you are trying to boost your Spanish language skills – or perhaps your English – these stories written in dual language will be an enjoyable resource to help you gain new vocabulary and familiarize yourself with sentence structures.

For young readers, these fairy tales will be perfect reading material to help them grow up to be bilingual, while also enhancing their imagination and instilling in them a love for reading.

Improve Your Listening Skills with the Spanish and English Audio

Aside from reading, you can also listen to the fairy tales, as this book comes with audio in both Spanish and English.

Read along to the stories while you listen, listen to the stories with your children during bedtime, or listen to the audio wherever and whenever you like, the choice is yours. But regardless of how you wish to use the audio, the important thing is you will be able to listen to native speakers narrate the stories and be able to practice your listening and pronunciation skills.

Are you ready to start reading and listening to the fairy tales? Let's begin.

How can you download the audio?

To get your copy of the audio, please proceed to the last page of this book. You will find a link there where you can download a copy of the MP3 files. Save the audio on any device and listen to it anywhere, anytime – on the road or at home in your pajamas. You can also read the next page for advice on how to use the audio files effectively.

ADVICE ON HOW TO USE THIS BOOK EFFECTIVELY

While you can choose your own way of enjoying this book, I have prepared some advice on how you can take full advantage of it and maximize your learning and enjoyment.

1. **Don't try to understand everything the first time around.**

   As a beginner, your Spanish skills will take time to develop. You may not understand everything. That's OK. Don't give up or get frustrated just because you are stuck on one word. I have tried to provide as much vocabulary as possible that I believe can instill in your mind the comprehension of the stories. If one word confuses you, just skip it and continue reading.

2. **Beware of direct translation.**

   You may have already learned some individual Spanish words separately. Sometimes, though, when these words are put together, the meaning completely changes. Be careful not to translate word for word. For example: « tout le monde » (literal meaning « all the world ») = everybody. The same idea applies for phrasal verbs. For example: « se mettre » (literal meaning « to put yourself ») = to start / to begin.

3. **Make use of the summary.**

   Each story comes with a sample summary. After reading each story, I encourage you to write your own summary to reinforce the learning process. After creating a summary based on your comprehension, compare it with the one provided. I highly recommend completing this exercise. It's a good way to boost your writing skills.

4. **Review the words you learned.**

   The vocabulary recap at the end of each chapter allows a review which will help you recall and retain the new vocabulary and expressions you learned in the story.

EL PATITO FEO
THE UGLY DUCKLING

Hans Cristian Andersen

Important: The link to download the audio is available page 104

¡Qué lindos eran los días de verano! ¡Qué agradable resultaba pasear por el campo y ver el trigo amarillo, la verde avena y las parvas de heno apilado en las llanuras! Sobre sus largas patas rojas iba la cigüeña junto a algunos flamencos, que se paraban un rato sobre cada pata. Sí, era realmente encantador estar en el campo. Bañada de sol se alzaba allí una vieja mansión solariega a la que rodeaba un profundo foso; desde sus paredes hasta el borde del agua crecían unas plantas de hojas gigantescas, las mayores de las cuales eran lo suficientemente grandes para que un niño pequeño pudiese pararse debajo de ellas. Aquel lugar resultaba tan enmarañado y agreste como el más denso de los bosques, y era allí donde cierta pata había hecho su nido. Ya era tiempo de sobra para que naciesen los patitos, pero se demoraban tanto, que la mamá comenzaba a perder la paciencia, pues casi nadie venía a visitarla.

IT was lovely summer weather in the country, and the golden corn, the green oats, and the haystacks piled up in the meadows looked beautiful. The stork walking about on his long red legs chattered in the Egyptian language, which he had learnt from his mother. The corn-fields and meadows were surrounded by large forests, in the midst of which were deep pools. It was, indeed, delightful to walk about in the country. In a sunny spot stood a pleasant old farmhouse close by a deep river, and from the house down to the water side grew great burdock leaves, so high, that under the tallest of them a little child could stand upright. The spot was as wild as the centre of a thick wood. In this snug retreat sat a duck on her nest, watching for her young brood to hatch; she was beginning to get tired of her task, for the little ones were a long time coming out of their shells, and she seldom had any visitors.

Al fin los huevos se abrieron uno tras otro. "¡Pip, pip!", decían los patitos conforme iban asomando sus cabezas a través del cascarón.

-¡Cuac, cuac! -dijo la mamá pata, y todos los patitos se apresuraron a salir tan rápido como pudieron, dedicándose enseguida a escudriñar

1

entre las verdes hojas. La mamá los dejó hacer, pues el verde es muy bueno para los ojos.

-¡Oh, qué grande es el mundo! -dijeron los patitos. Y ciertamente disponían de un espacio mayor que el que tenían dentro del huevo.

-¿Creen acaso que esto es el mundo entero? -preguntó la pata-. Pues sepan que se extiende mucho más allá del jardín, hasta el prado mismo del pastor, aunque yo nunca me he alejado tanto.

The other ducks liked much better to swim about in the river than to climb the slippery banks, and sit under a burdock leaf, to have a gossip with her. At length one shell cracked, and then another, and from each egg came a living creature that lifted its head and cried, "Peep, peep." "Quack, quack," said the mother, and then they all quacked as well as they could, and looked about them on every side at the large green leaves. Their mother allowed them to look as much as they liked, because green is good for the eyes. "How large the world is," said the young ducks, when they found how much more room they now had than while they were inside the egg-shell. "Do you imagine this is the whole world?" asked the mother; "Wait till you have seen the garden; it stretches far beyond that to the parson's field, but I have never ventured to such a distance.

Bueno, espero que ya estén todos -agregó, levantándose del nido-. ¡Ah, pero si todavía falta el más grande! ¿Cuánto tardará aún? No puedo entretenerme con él mucho tiempo.

Y fue a sentarse de nuevo en su sitio.

-¡Vaya, vaya! ¿Cómo anda eso? -preguntó una pata vieja que venía de visita.

Are you all out?" she continued, rising; "No, I declare, the largest egg lies there still. I wonder how long this is to last, I am quite tired of it;" and she seated herself again on the nest.

"Well, how are you getting on?" asked an old duck, who paid her a visit.

-Ya no queda más que este huevo, pero tarda tanto… -dijo la pata echada-. No hay forma de que rompa. Pero fíjate en los otros, y dime si no son los patitos más lindos que se hayan visto nunca. Todos se parecen a su padre, el muy bandido. ¿Por qué no vendrá a verme?

-Déjame echar un vistazo a ese huevo que no acaba de romper -dijo la anciana-. Te apuesto a que es un huevo de pava. Así fue como me engatusaron cierta vez a mí. ¡El trabajo que me dieron aquellos pavitos! ¡Imagínate! Le tenían miedo al agua y no había forma de hacerlos entrar en ella. Yo graznaba y los picoteaba, pero de nada me servía... Pero, vamos a veresehuevo...

"One egg is not hatched yet," said the duck, "it will not break. But just look at all the others, are they not the prettiest little ducklings you ever saw? They are the image of their father, who is so unkind, he never comes to see." "Let me see the egg that will not break," said the duck; "I have no doubt it is a turkey's egg. I was persuaded to hatch some once, and after all my care and trouble with the young ones, they were afraid of the water. I quacked and clucked, but all to no purpose. I could not get them to venture in. Let me look at the egg.

-Creo que me quedaré sobre él un ratito aún -dijo la pata-. He estado tanto tiempo aquí sentada, que un poco más no me hará daño.

-Como quieras -dijo la pata vieja, y se alejó contoneándose.

Yes, that is a turkey's egg; take my advice, leave it where it is and teach the other children to swim." "I think I will sit on it a little while longer," said the duck; "as I have sat so long already, a few days will be nothing." "Please yourself," said the old duck, and she went away.

Por fin se rompió el huevo. "¡Pip, pip!", dijo el pequeño, volcándose del cascarón. La pata vio lo grande y feo que era, y exclamó:

-¡Dios mío, qué patito tan enorme! No se parece a ninguno de los otros. Y, sin embargo, me atrevo a asegurar que no es ningún crío de pavos.

Al otro día hizo un tiempo maravilloso. El sol resplandecía en las verdes hojas gigantescas. La mamá pata se acercó al foso con toda su familia y, ¡plaf!, saltó al agua.

-¡Cuac, cuac! -llamaba. Y uno tras otro los patitos se fueron abalanzando tras ella. El agua se cerraba sobre sus cabezas, pero enseguida resurgían flotando magníficamente. Movíanse sus patas sin el menor esfuerzo, y a poco estuvieron todos en el agua. Hasta el patito feo y gris nadaba con los otros.

At last the large egg broke, and a young one crept forth crying, "Peep, peep." It was very large and ugly. The duck stared at it and exclaimed, "It is very large and not at all like the others. I wonder if it really is a turkey. We shall soon find it out, however when we go to the water. It must go in, if I have to push it myself." On the next day the weather was delightful, and the sun shone brightly on the green burdock leaves, so the mother duck took her young brood down to the water, and jumped in with a splash. "Quack, quack," cried she, and one after another the little ducklings jumped in. The water closed over their heads, but they came up again in an instant, and swam about quite prettily with their legs paddling under them as easily as possible, and the ugly duckling was also in the water swimming with them.

-No es un pavo, por cierto -dijo la pata-. Fíjense en la elegancia con que nada, y en lo derecho que se mantiene. Sin duda que es uno de mis pequeñitos. Y si uno lo mira bien, se da cuenta enseguida de que es realmente muy guapo. ¡Cuac, cuac! Vamos, vengan conmigo y déjenme enseñarles el mundo y presentarlos al corral entero. Pero no se separen mucho de mí, no sea que los pisoteen. Y anden con los ojos muy abiertos, por si viene el gato.

Y con esto se encaminaron al corral. Había allí un escándalo espantoso, pues dos familias se estaban peleando por una cabeza de anguila, que, a fin de cuentas, fue a parar al estómago del gato.

-¡Vean! ¡Así anda el mundo! -dijo la mamá relamiéndose el pico, pues también a ella la entusiasmaban las cabezas de anguila-. ¡A ver! ¿Qué pasa con esas piernas?

"Oh," said the mother, "that is not a turkey; how well he uses his legs, and how upright he holds himself! He is my own child, and he is not so very ugly after all if you look at him properly. Quack, quack! come with me now, I will take you into grand society, and introduce you to the farmyard, but you must keep close to me or you may be trodden upon; and, above all, beware of the cat." When they reached the farmyard, there was a great disturbance, two families were fighting for an eel's head, which, after all, was carried off by the cat. "See, children, that is the way of the world," said the mother duck, whetting her beak, for she would have liked the eel's head herself. "Come, now, use your legs, and let me see how well you can behave.

Anden ligeros y no dejen de hacerle una bonita reverencia a esa anciana pata que está allí. Es la más fina de todos nosotros. Tiene en las venas sangre española; por eso es tan regordeta. Fíjense, además, en que lleva una cinta roja atada a una pierna: es la más alta distinción que se puede alcanzar. Es tanto como decir que nadie piensa en deshacerse de ella, y que deben respetarla todos, los animales y los hombres. ¡Anímense y no metan los dedos hacia adentro! Los patitos bien educados los sacan hacia afuera, como mamá y papá... Eso es. Ahora hagan una reverencia y digan ¡cuac!

Todos obedecieron, pero los otros patos que estaban allí los miraron con desprecio y exclamaron en alta voz:

-¡Vaya! ¡Como si ya no fuésemos bastantes! Ahora tendremos que rozarnos también con esa gentuza. ¡Uf!... ¡Qué patito tan feo! No podemos soportarlo.

Y uno de los patos salió enseguida corriendo y le dio un picotazo en el cuello.

You must bow your heads prettily to that old duck yonder; she is the highest born of them all, and has Spanish blood, therefore, she is well off. Don't you see she has a red flag tied to her leg, which is something very grand, and a great honor for a duck; it shows that everyone is anxious not to lose her, as she can be recognized both by man and beast. Come, now, don't turn your toes, a well-bred duckling spreads his feet wide apart, just like his father and mother, in this way; now bend your neck, and say 'quack.'" The ducklings did as they were bid, but the other duck stared, and said, "Look, here comes another brood, as if there were not enough of us already! and what a queer looking object one of them is; we don't want him here," and then one flew out and bit him in the neck.

-¡Déjenlo tranquilo! -dijo la mamá-. No le está haciendo daño a nadie.

-Sí, pero es tan desgarbado y extraño -dijo el que lo había picoteado-, que no quedará más remedio que despachurrarlo.

-¡Qué lindos niños tienes, muchacha! -dijo la vieja pata de la cinta roja-. Todos son muy hermosos, excepto uno, al que le noto algo raro. Me gustaría que pudieras hacerlo de nuevo.

-Eso ni pensarlo, señora -dijo la mamá de los patitos-. No es hermoso, pero tiene muy buen carácter y nada tan bien como los otros, y me atrevería a decir que hasta un poco mejor. Espero que tome mejor aspecto cuando crezca y que, con el tiempo, no se le vea tan grande. Estuvo dentro del cascarón más de lo necesario, por eso no salió tan bello como los otros.

Y con el pico le acarició el cuello y le alisó las plumas.

-De todos modos, es macho y no importa tanto -añadió-, Estoy segura de que será muy fuerte y se abrirá camino en la vida.

-Estos otros patitos son encantadores -dijo la vieja pata-. Quiero que se sientan como en su casa. Y si por casualidad encuentran algo así como una cabeza de anguila, pueden traérmela sin pena.

"Let him alone," said the mother; "he is not doing any harm." "Yes, but he is so big and ugly," said the spiteful duck "and therefore he must be turned out." "The others are very pretty children," said the old duck, with the rag on her leg, "all but that one; I wish his mother could improve him a little." "That is impossible, your grace," replied the mother; "he is not pretty; but he has a very good disposition, and swims as well or even better than the others. I think he will grow up pretty, and perhaps be smaller; he has remained too long in the egg, and therefore his figure is not properly formed;" and then she stroked his neck and smoothed the feathers, saying, "It is a drake, and therefore not of so much consequence. I think he will grow up strong, and able to take care of himself." "The other ducklings are graceful enough," said the old duck. "Now make yourself at home, and if you can find an eel's head, you can bring it to me."

Con esta invitación todos se sintieron allí a sus anchas. Pero el pobre patito que había salido el último del cascarón, y que tan feo les parecía a todos, no recibió más que picotazos, empujones y burlas, lo mismo de los patos que de las gallinas.

-¡Qué feo es! -decían.

Y el pavo, que había nacido con las espuelas puestas y que se consideraba por ello casi un emperador, infló sus plumas como un barco a toda vela y se le fue encima con un cacareo, tan estrepitoso que toda la cara se le puso roja. El pobre patito no sabía dónde meterse. Sentíase terriblemente abatido, por ser tan feo y porque todo el mundo se burlaba de él en el corral.

Así pasó el primer día. En los días siguientes, las cosas fueron de mal en peor. El pobre patito se vio acosado por todos. Incluso sus hermanos y hermanas lo maltrataban de vez en cuando y le decían:

-¡Ojalá te agarre el gato, grandulón!

Hasta su misma mamá deseaba que estuviese lejos del corral. Los patos lo pellizcaban, las gallinas lo picoteaban y, un día, la muchacha que traía la comida a las aves le asestó un puntapié.

Entonces el patito huyó del corral. De un revuelo saltó por encima de la cerca, con gran susto de los pajaritos que estaban en los arbustos, que se echaron a volar por los aires.

And so they made themselves comfortable; but the poor duckling, who had crept out of his shell last of all, and looked so ugly, was bitten and pushed and made fun of, not only by the ducks, but by all the poultry. "He is too big," they all said, and the turkey cock, who had been born into the world with spurs, and fancied himself really an emperor, puffed himself out like a vessel in full sail, and flew at the duckling, and became quite red in the head with passion, so that the poor little thing did not know where to go, and was quite miserable because he was so ugly and laughed at by the whole farmyard. So it went on from day to day till it got worse and worse. The poor duckling was driven about by everyone; even his brothers and sisters were unkind to him, and would say, "Ah, you ugly creature, I wish the cat would get you," and his mother said she wished he had never been born. The ducks pecked him, the chickens beat him, and the girl who fed the poultry kicked him with her feet. So at last he ran away, frightening the little birds in the hedge as he flew over the palings.

"¡Es porque soy tan feo!" pensó el patito, cerrando los ojos. Pero así y todo siguió corriendo hasta que, por fin, llegó a los grandes pantanos donde viven los patos salvajes, y allí se pasó toda la noche abrumado de cansancio y tristeza.

A la mañana siguiente, los patos salvajes remontaron el vuelo y miraron a su nuevo compañero.

-¿Y tú qué cosa eres? -le preguntaron, mientras el patito les hacía reverencias en todas direcciones, lo mejor que sabía.

-¡Eres más feo que un espantapájaros! -dijeron los patos salvajes-. Pero eso no importa, con tal que no quieras casarte con una de nuestras hermanas.

"They are afraid of me because I am ugly," he said. So he closed his eyes, and flew still farther, until he came out on a large moor, inhabited by wild ducks. Here he remained the whole night, feeling very tired and sorrowful.

In the morning, when the wild ducks rose in the air, they stared at their new comrade. "What sort of a duck are you?" they all said, coming round him.

He bowed to them, and was as polite as he could be, but he did not reply to their question. "You are exceedingly ugly," said the wild ducks, "but that will not matter if you do not want to marry one of our family."

¡Pobre patito! Ni soñaba él con el matrimonio. Sólo quería que lo dejasen estar tranquilo entre los juncos y tomar un poquito de agua del pantano.

Unos días más tarde aparecieron por allí dos gansos salvajes. No hacía mucho que habían dejado el nido: por eso eran tan impertinentes.

-Mira, muchacho -comenzaron diciéndole-, eres tan feo que nos caes simpático. ¿Quieres emigrar con nosotros? No muy lejos, en otro pantano, viven unas gansitas salvajes muy presentables, todas solteras, que saben graznar espléndidamente. Es la oportunidad de tu vida, feo y todo como eres.

Poor thing! he had no thoughts of marriage; all he wanted was permission to lie among the rushes, and drink some of the water on the moor. After he had been on the moor two days, there came two wild geese, or rather goslings, for they had not been out of the egg long, and were very saucy. "Listen, friend," said one of them to the duckling, "you are so ugly, that we like you very well. Will you go with us, and become a bird of passage? Not far from here is another moor, in which there are some pretty wild geese, all unmarried. It is a chance for you to get a wife; you may be lucky, ugly as you are."

-¡Bang, bang! -se escuchó en ese instante por encima de ellos, y los dos gansos cayeron muertos entre los juncos, tiñendo el agua con su sangre. Al eco de nuevos disparos se alzaron del pantano las bandadas de gansos salvajes, con lo que menudearon los tiros. Se había organizado una importante cacería y los tiradores rodeaban los pantanos; algunos hasta se habían sentado en las ramas de los árboles que se extendían sobre los juncos.

"Pop, pop," sounded in the air, and the two wild geese fell dead among the rushes, and the water was tinged with blood. "Pop, pop," echoed far and wide in the distance, and whole flocks of wild geese rose up from the rushes. The sound continued from every direction, for the sportsmen surrounded the moor, and some were even seated on branches of trees, overlooking the rushes.

Nubes de humo azul se esparcieron por el oscuro boscaje, y fueron a perderse lejos, sobre el agua.

Los perros de caza aparecieron chapaleando entre el agua, y, a su avance, doblándose aquí y allá las cañas y los juncos. Aquello aterrorizó al pobre patito feo, que ya se disponía a ocultar la cabeza bajo el ala cuando apareció junto a él un enorme y espantoso perro: la lengua le colgaba fuera de la boca y sus ojos miraban con brillo temible. Le acercó el hocico, le enseñó sus agudos dientes, y de pronto... ¡plaf!... ¡allá se fue otra vez sin tocarlo!

El patito dio un suspiro de alivio.

-Por suerte soy tan feo que ni los perros tienen ganas de comerme -se dijo. Y se tendió allí muy quieto, mientras los perdigones repiqueteaban sobre los juncos, y las descargas, una tras otra, atronaban los aires.

The blue smoke from the guns rose like clouds over the dark trees, and as it floated away across the water, a number of sporting dogs bounded in among the rushes, which bent beneath them wherever they went. How they terrified the poor duckling! He turned away his head to hide it under his wing, and at the same moment a large terrible dog passed quite near him. His jaws were open, his tongue hung from his mouth, and his eyes glared fearfully. He thrust his nose close to the duckling, showing his sharp teeth, and then, "splash, splash," he went into the water without touching him, "Oh," sighed the duckling, "how thankful I am for being so ugly; even a dog will not bite me." And so he lay quite still, while the shot rattled through the rushes, and gun after gun was fired over him.

Era muy tarde cuando las cosas se calmaron, y aún entonces el pobre no se atrevía a levantarse. Esperó todavía varias horas antes de arriesgarse a echar un vistazo, y, en cuanto lo hizo, enseguida se escapó de los pantanos tan rápido como pudo. Echó a correr por campos y praderas; pero hacía tanto viento, que le costaba no poco trabajo mantenerse sobre sus pies.

Hacia el crepúsculo llegó a una pobre cabaña campesina. Se sentía en tan mal estado que no sabía de qué parte caerse, y, en la duda, permanecía de pie. El viento soplaba tan ferozmente alrededor del patito que éste tuvo que sentarse sobre su propia cola, para no ser arrastrado. En eso notó que una de las bisagras de la puerta se había caído, y que la hoja colgaba con una inclinación tal que le sería fácil filtrarse por la estrecha abertura. Y así lo hizo.

It was late in the day before all became quiet, but even then the poor young thing did not dare to move. He waited quietly for several hours, and then, after looking carefully around him, hastened away from the moor as fast as he could. He ran over field and meadow till a storm arose, and he could hardly struggle against it. Towards evening, he reached a poor little cottage that seemed ready to fall, and only remained standing because it could not decide on which side to fall first. The storm continued so violent, that the duckling could go no farther; he sat down by the cottage, and then he noticed that the door was not quite closed in consequence of one of the hinges having given way. There was therefore a narrow opening near the bottom large enough for him to slip through, which he did very quietly, and got a shelter for the night.

En la cabaña vivía una anciana con su gato y su gallina. El gato, a quien la anciana llamaba "Hijito", sabía arquear el lomo y ronronear; hasta era capaz de echar chispas si lo frotaban a contrapelo. La gallina tenía unas patas tan cortas que le habían puesto por nombre "Chiquitita Piernascortas". Era una gran ponedora y la anciana la quería como a su propia hija.

Cuando llegó la mañana, el gato y la gallina no tardaron en descubrir al extraño patito. El gato lo saludó ronroneando y la gallina con su cacareo.

A woman, a tom cat, and a hen lived in this cottage. The tom cat, whom the mistress called, "My little son," was a great favorite; he could raise his back, and purr, and could even throw out sparks from his fur if it were stroked the wrong way. The hen had very short legs, so she was called "Chickie short legs." She laid good eggs, and her mistress loved her as if she had been her own child. In the morning, the strange visitor was discovered, and the tom cat began to purr, and the hen to cluck.

-Pero, ¿qué pasa? -preguntó la vieja, mirando a su alrededor. No andaba muy bien de la vista, así que se creyó que el patito feo era una pata regordeta que se había perdido-. ¡Qué suerte! -dijo-. Ahora tendremos huevos de pata. ¡Con tal que no sea macho! Le daremos unos días de prueba.

Así que al patito le dieron tres semanas de plazo para poner, al término de las cuales, por supuesto, no había ni rastros de huevo. Ahora bien,

en aquella casa el gato era el dueño y la gallina la dueña, y siempre que hablaban de sí mismos solían decir: "nosotros y el mundo", porque opinaban que ellos solos formaban la mitad del mundo, y lo que es más, la mitad más importante. Al patito le parecía que sobre esto podía haber otras opiniones, pero la gallina ni siquiera quiso oírlo.

"What is that noise about?" said the old woman, looking round the room, but her sight was not very good; therefore, when she saw the duckling she thought it must be a fat duck, that had strayed from home. "Oh what a prize!" she exclaimed, "I hope it is not a drake, for then I shall have some duck's eggs. I must wait and see." So the duckling was allowed to remain on trial for three weeks, but there were no eggs. Now the tom cat was the master of the house, and the hen was mistress, and they always said, "We and the world," for they believed themselves to be half the world, and the better half too. The duckling thought that others might hold a different opinion on the subject, but the hen would not listen to such doubts.

-¿Puedes poner huevos? -le preguntó.

-No.

-Pues entonces, ¡cállate!

Y el gato le preguntó:

-¿Puedes arquear el lomo, o ronronear, o echar chispas?

-No.

-Pues entonces, guárdate tus opiniones cuando hablan las personas sensatas.

Con lo que el patito fue a sentarse en un rincón, muy desanimado. Pero de pronto recordó el aire fresco y el sol, y sintió una nostalgia tan grande de irse a nadar en el agua que -¡no pudo evitarlo!- fue y se lo contó a la gallina.

"Can you lay eggs?" she asked. "No." "Then have the goodness to hold your tongue." "Can you raise your back, or purr, or throw out sparks?" said the tom cat. "No." "Then you have no right to express an opinion when sensible people are speaking." So the duckling sat in a corner, feeling very low spirited, till the sunshine and the fresh air came into the room through the open door, and then he began to feel such a great longing for a swim on the water, that he could not help telling the hen.

-¡Vamos! ¿Qué te pasa? -le dijo ella-. Bien se ve que no tienes nada que hacer; por eso piensas tantas tonterías. Te las sacudirías muy pronto si te dedicaras a poner huevos o a ronronear.

-¡Pero es tan sabroso nadar en el agua! -dijo el patito feo-. ¡Tan sabroso zambullir la cabeza y bucear hasta el mismo fondo! -Sí, muy agradable -dijo la gallina-. Me parece que te has vuelto loco. Pregúntale al gato, ¡no hay nadie tan listo como él! ¡Pregúntale a nuestra vieja ama, la mujer más sabia del mundo! ¿Crees que a ella le gusta nadar y zambullirse?

-No me comprendes -dijo el patito.

"What an absurd idea," said the hen. "You have nothing else to do, therefore you have foolish fancies. If you could purr or lay eggs, they would pass away." "But it is so delightful to swim about on the water," said the duckling, "and so refreshing to feel it close over your head, while you dive down to the bottom." "Delightful, indeed!" said the hen, "why you must be crazy! Ask the cat, he is the cleverest animal I know, ask him how he would like to swim about on the water, or to dive under it, for I will not speak of my own opinion; ask our mistress, the old woman- there is no one in the world more clever than she is. Do you think she would like to swim, or to let the water close over her head?" "You don't understand me," said the duckling.

-Pues si yo no te comprendo, me gustaría saber quién podrá comprenderte. De seguro que no pretenderás ser más sabio que el gato y la señora, para no mencionarme a mí misma. ¡No seas tonto, muchacho! ¿No te has encontrado un cuarto cálido y confortable, donde te hacen compañía quienes pueden enseñarte? Pero no eres más que un tonto, y a nadie le hace gracia tenerte aquí. Te doy mi palabra de que si te digo cosas desagradables es por tu propio bien: sólo los buenos amigos nos dicen las verdades. Haz ahora tu parte y aprende a poner huevos o a ronronear y echar chispas.

-Creo que me voy a recorrer el ancho mundo -dijo el patito.

"We don't understand you? Who can understand you, I wonder? Do you consider yourself cleverer than the cat, or the old woman? I will say nothing of myself. Don't imagine such nonsense, child, and thank your good fortune that you have been received here. Are you not in a warm room, and in society from which you may learn something? But you are a chatterer, and your company is not very agreeable. Believe me, I speak only for your own good. I may tell you unpleasant truths, but that is a proof of my friendship.

I advise you, therefore, to lay eggs, and learn to purr as quickly as possible."
"I believe I must go out into the world again," said the duckling.

-Sí, vete -dijo la gallina.

Y así fue como el patito se marchó. Nadó y se zambulló; pero ningún ser viviente quería tratarse con él por lo feo que era.

Pronto llegó el otoño. Las hojas en el bosque se tornaron amarillas o pardas; el viento las arrancó y las hizo girar en remolinos, y los cielos tomaron un aspecto hosco y frío. Las nubes colgaban bajas, cargadas de granizo y nieve, y el cuervo, que solía posarse en la tapia, graznaba "¡cau, cau!", de frío que tenía. Sólo de pensarlo le daban a uno escalofríos. Sí, el pobre patito feo no lo estaba pasando muy bien.

"Yes, do," said the hen. So the duckling left the cottage, and soon found water on which it could swim and dive, but was avoided by all other animals, because of its ugly appearance. Autumn came, and the leaves in the forest turned to orange and gold. Then, as winter approached, the wind caught them as they fell and whirled them in the cold air. The clouds, heavy with hail and snow-flakes, hung low in the sky, and the raven stood on the ferns crying, "Croak, croak." It made one shiver with cold to look at him. All this was very sad for the poor little duckling.

Cierta tarde, mientras el sol se ponía en un maravilloso crepúsculo, emergió de entre los arbustos una bandada de grandes y hermosas aves. El patito no había visto nunca unos animales tan espléndidos. Eran de una blancura resplandeciente, y tenían largos y esbeltos cuellos. Eran cisnes. A la vez que lanzaban un fantástico grito, extendieron sus largas, sus magníficas alas, y remontaron el vuelo, alejándose de aquel frío hacia los lagos abiertos y las tierras cálidas.

One evening, just as the sun set amid radiant clouds, there came a large flock of beautiful birds out of the bushes. The duckling had never seen any like them before. They were swans, and they curved their graceful necks, while their soft plumage shown with dazzling whiteness. They uttered a singular cry, as they spread their glorious wings and flew away from those cold regions to warmer countries across the sea.

Se elevaron muy alto, muy alto, allá entre los aires, y el patito feo se sintió lleno de una rara inquietud. Comenzó a dar vueltas y vueltas en el agua lo mismo que una rueda, estirando el cuello en la dirección que seguían, que él mismo se asustó al oírlo. ¡Ah, jamás podría olvidar aquellos hermosos y afortunados pájaros! En cuanto los perdió de vista, se sumergió derecho hasta el fondo, y se hallaba como fuera de sí cuando regresó a la superficie. No tenía idea de cuál podría ser el nombre de aquellas aves, ni de adónde se dirigían, y, sin embargo, eran más importantes para él que todas las que había conocido hasta entonces. No las envidiaba en modo alguno: ¿cómo se atrevería siquiera a soñar que aquel esplendor pudiera pertenecerle? Ya se daría por satisfecho con que los patos lo tolerasen,....

As they mounted higher and higher in the air, the ugly little duckling felt quite a strange sensation as he watched them. He whirled himself in the water like a wheel, stretched out his neck towards them, and uttered a cry so strange that it frightened himself. Could he ever forget those beautiful, happy birds; and when at last they were out of his sight, he dived under the water, and rose again almost beside himself with excitement. He knew not the names of these birds, nor where they had flown, but he felt towards them as he had never felt for any other bird in the world. He was not envious of these beautiful creatures, but wished to be as lovely as they.

¡pobre criatura estrafalaria que era!

¡Cuán frío se presentaba aquel invierno! El patito se veía forzado a nadar incesantemente para impedir que el agua se congelase en torno suyo. Pero cada noche el hueco en que nadaba se hacía más y más pequeño. Vino luego una helada tan fuerte, que el patito, para que el agua no se cerrase definitivamente, ya tenía que mover las patas todo el tiempo en el hielo crujiente. Por fin, debilitado por el esfuerzo, quedose muy quieto y comenzó a congelarse rápidamente sobre el hielo.

Poor ugly creature, how gladly he would have lived even with the ducks had they only given him encouragement. The winter grew colder and colder; he was obliged to swim about on the water to keep it from freezing, but every night the space on which he swam became smaller and smaller. At length it froze so hard that the ice in the water crackled as he moved, and the duckling had to paddle with his legs as well as he could, to keep the space from closing up. He became exhausted at last, and lay still and helpless, frozen fast in the ice.

A la mañana siguiente, muy temprano, lo encontró un campesino. Rompió el hielo con uno de sus zuecos de madera, lo recogió y lo llevó a casa, donde su mujer se encargó de revivirlo.

Los niños querían jugar con él, pero el patito feo tenía terror de sus travesuras y, con el miedo, fue a meterse revoloteando en la paila de la leche, que se derramó por todo el piso. Gritó la mujer y dio unas palmadas en el aire, y él, más asustado, metiose de un vuelo en el barril de la mantequilla, y desde allí lanzose de cabeza al cajón de la harina, de donde salió hecho una lástima. ¡Había que verlo! Chillaba la mujer y quería darle con la escoba, y los niños tropezaban unos con otros tratando de echarle mano. ¡Cómo gritaban y se reían! Fue una suerte que la puerta estuviese abierta. El patito se precipitó afuera, entre los arbustos, y se hundió, atolondrado, entre la nieve recién caída.

Early in the morning, a peasant, who was passing by, saw what had happened.

He broke the ice in pieces with his wooden shoe, and carried the duckling home to his wife. The warmth revived the poor little creature; but when the children wanted to play with him, the duckling thought they would do him some harm; so he started up in terror, fluttered into the milk-pan, and splashed the milk about the room. Then the woman clapped her hands, which frightened him still more. He flew first into the butter-cask, then into the meal-tub, and out again. What a condition he was in! The woman screamed, and struck at him with the tongs; the children laughed and screamed, and tumbled over each other, in their efforts to catch him; but luckily he escaped. The door stood open; the poor creature could just manage to slip out among the bushes, and lie down quite exhausted in the newly fallen snow.

Pero sería demasiado cruel describir todas las miserias y trabajos que el patito tuvo que pasar durante aquel crudo invierno. Había buscado refugio entre los juncos cuando las alondras comenzaron a cantar y el sol a calentar de nuevo: llegaba la hermosa primavera.

Entonces, de repente, probó sus alas: el zumbido que hicieron fue mucho más fuerte que otras veces, y lo arrastraron rápidamente a lo alto. Casi sin darse cuenta, se halló en un vasto jardín con manzanos en flor y fragantes lilas, que colgaban de las verdes ramas sobre un sinuoso arroyo. ¡Oh, qué agradable era estar allí, en la frescura de la primavera! Y en eso surgieron frente a él de la espesura tres hermosos cisnes blancos, rizando sus plumas y dejándose llevar con suavidad por la corriente. El patito feo reconoció a aquellas espléndidas criaturas

que una vez había visto levantar el vuelo, y se sintió sobrecogido por un extraño sentimiento de melancolía.

It would be very sad, were I to relate all the misery and privations which the poor little duckling endured during the hard winter; but when it had passed, he found himself lying one morning in a moor, amongst the rushes. He felt the warm sun shining, and heard the lark singing, and saw that all around was beautiful spring. Then the young bird felt that his wings were strong, as he flapped them against his sides, and rose high into the air. They bore him onwards, until he found himself in a large garden, before he well knew how it had happened. The apple-trees were in full blossom, and the fragrant elders bent their long green branches down to the stream which wound round a smooth lawn. Everything looked beautiful, in the freshness of early spring. From a thicket close by came three beautiful white swans, rustling their feathers, and swimming lightly over the smooth water. The duckling remembered the lovely birds, and felt more strangely unhappy than ever.

-¡Volaré hasta esas regias aves! -se dijo-. Me darán de picotazos hasta matarme, por haberme atrevido, feo como soy, a aproximarme a ellas. Pero, ¡qué importa! Mejor es que ellas me maten, a sufrir los pellizcos de los patos, los picotazos de las gallinas, los golpes de la muchacha que cuida las aves y los rigores del invierno.

Y así, voló hasta el agua y nadó hacia los hermosos cisnes. En cuanto lo vieron, se le acercaron con las plumas encrespadas.

-¡Sí, mátenme, mátenme! -gritó la desventurada criatura, inclinando la cabeza hacia el agua en espera de la muerte. Pero, ¿qué es lo que vio allí en la límpida corriente? ¡Era un reflejo de sí mismo, pero no ya el reflejo de un pájaro torpe y gris, feo y repugnante, no, sino el reflejo de un cisne!

"I will fly to those royal birds," he exclaimed, "and they will kill me, because I am so ugly, and dare to approach them; but it does not matter: better be killed by them than pecked by the ducks, beaten by the hens, pushed about by the maiden who feeds the poultry, or starved with hunger in the winter."

Then he flew to the water, and swam towards the beautiful swans. The moment they espied the stranger, they rushed to meet him with outstretched wings.

"Kill me," said the poor bird; and he bent his head down to the surface of the water, and awaited death.

Poco importa que se nazca en el corral de los patos, siempre que uno salga de un huevo de cisne. Se sentía realmente feliz de haber pasado tantos trabajos y desgracias, pues esto lo ayudaba a apreciar mejor la alegría y la belleza que le esperaban. Y los tres cisnes nadaban y nadaban a su alrededor y lo acariciaban con sus picos.

But what did he see in the clear stream below? His own image; no longer a dark, gray bird, ugly and disagreeable to look at, but a graceful and beautiful swan. To be born in a duck's nest, in a farmyard, is of no consequence to a bird, if it is hatched from a swan's egg. He now felt glad at having suffered sorrow and trouble, because it enabled him to enjoy so much better all the pleasure and happiness around him; for the great swans swam round the new-comer, and stroked his neck with their beaks, as a welcome.

En el jardín habían entrado unos niños que lanzaban al agua pedazos de pan y semillas. El más pequeño exclamó:

-¡Ahí va un nuevo cisne!

Y los otros niños corearon con gritos de alegría:

-¡Sí, hay un cisne nuevo!

Y batieron palmas y bailaron, y corrieron a buscar a sus padres. Había pedacitos de pan y de pasteles en el agua, y todo el mundo decía:

-¡El nuevo es el más hermoso! ¡Qué joven y esbelto es!

Y los cisnes viejos se inclinaron ante él.

Into the garden presently came some little children, and threw bread and cake into the water.

"See," cried the youngest, "there is a new one;" and the rest were delighted, and ran to their father and mother, dancing and clapping their hands, and shouting joyously, "There is another swan come; a new one has arrived." Then they threw more bread and cake into the water, and said, "The new one is the most beautiful of all; he is so young and pretty." And the old swans bowed their heads before him.

Esto lo llenó de timidez, y escondió la cabeza bajo el ala, sin que supiese explicarse la razón. Era muy, pero muy feliz, aunque no había en él ni una pizca de orgullo, pues este no cabe en los corazones bondadosos. Y mientras recordaba los desprecios y humillaciones del pasado, oía cómo todos decían ahora que era el más hermoso de los cisnes. Las lilas inclinaron sus ramas ante él, bajándolas hasta el agua misma, y

los rayos del sol eran cálidos y amables. Rizó entonces sus alas, alzó el esbelto cuello y se alegró desde lo hondo de su corazón:

-Jamás soñé que podría haber tanta felicidad, allá en los tiempos en que era sólo un patito feo.

FIN

Then he felt quite ashamed, and hid his head under his wing; for he did not know what to do, he was so happy, and yet not at all proud. He had been persecuted and despised for his ugliness, and now he heard them say he was the most beautiful of all the birds. Even the elder-tree bent down its bows into the water before him, and the sun shone warm and bright. Then he rustled his feathers, curved his slender neck, and cried joyfully, from the depths of his heart, "I never dreamed of such happiness as this, while I was an ugly duckling."

THE END

LA CENICIENTA
CINDERELLA

Jacob Ludwig Grimm and Wilhelm Carl Grimm

Érase una mujer, casada con un hombre muy rico, que enfermó, y, presintiendo su próximo fin, llamó a su única hijita y le dijo: «Hija mía, sigue siendo siempre buena y piadosa, y el buen Dios no te abandonará. Yo velaré por ti desde el cielo, y me tendrás siempre a tu lado.» Y, cerrando los ojos, murió. La muchachita iba todos los días a la tumba de su madre a llorar, y siguió siendo buena y piadosa. Al llegar el invierno, la nieve cubrió de un blanco manto la sepultura, y cuando el sol de primavera la hubo derretido, el padre de la niña contrajo nuevo matrimonio.

THERE WAS once a rich man whose wife lay sick, and when she felt her end drawing near she called to her only daughter to come near her bed, and said, "Dear child, be good and pious, and God will always take care of you, and I will look down upon you from heaven, and will be with you." And then she closed her eyes and died. The maiden went every day to her mother's grave and wept, and was always pious and good. When the winter came the snow covered the grave with a white covering, and when the sun came in the early spring and melted it away, the man took to himself another wife.

La segunda mujer llevó a casa dos hijas, de rostro bello y blanca tez, pero negras y malvadas de corazón. Vinieron entonces días muy duros para la pobrecita huérfana. "¿Esta estúpida tiene que estar en la sala con nosotras?" decían las recién llegadas. "Si quiere comer pan, que se lo gane. ¡Fuera, a la cocina!" Le quitaron sus hermosos vestidos, le pusieron una blusa vieja y le dieron un par de zuecos para calzado: "¡Mira la orgullosa princesa, qué compuesta!" Y, burlándose de ella, la llevaron a la cocina. Allí tenía que pasar el día entero ocupada en duros trabajos. Se levantaba de madrugada, iba por agua, encendía el fuego, preparaba la comida, lavaba la ropa. Y, por añadidura, sus hermanastras la sometían a todas las mortificaciones imaginables; se burlaban de ella, le esparcían, entre la ceniza, los guisantes y las lentejas, para que tuviera que pasarse horas recogiéndolas. A la noche, rendida como estaba de tanto trabajar, en vez de acostarse en una

cama tenía que hacerlo en las cenizas del hogar. Y como por este motivo iba siempre polvorienta y sucia, la llamaban Cenicienta.

The new wife brought two daughters home with her, and they were beautiful and fair in appearance, but at heart were black and ugly. And then began very evil times for the poor step-daughter.

"Is the stupid creature to sit in the same room with us?" said they; "those who eat food must earn it. She is nothing but a kitchenmaid!" They took away her pretty dresses, and put on her an old gray kirtle, and gave her wooden shoes to wear.

"Just look now at the proud princess, how she is decked out!" cried they laughing, and then they sent her into the kitchen. There she was obliged to do heavy work from morning to night, get up early in the morning, draw water, make the fires, cook, and wash. Besides that, the sisters did their utmost to torment her- mocking her, and strewing peas and lentils among the ashes, and setting her to pick them up. In the evenings, when she was quite tired out with her hard day's work, she had no bed to lie on, but was obliged to rest on the hearth among the cinders. And because she always looked dusty and dirty, as if she had slept in the cinders, they named her Cinderella.

Un día en que el padre se disponía a ir a la feria, preguntó a sus dos hijastras qué deseaban que les trajese. "Hermosos vestidos," respondió una de ellas. "Perlas y piedras preciosas," dijo la otra. "¿Y tú, Cenicienta," preguntó, "qué quieres?" - "Padre, corta la primera ramita que toque el sombrero, cuando regreses, y tráemela." Compró el hombre para sus hijastras magníficos vestidos, perlas y piedras preciosas; de vuelta, al atravesar un bosquecillo, un brote de avellano le hizo caer el sombrero, y él lo cortó y se lo llevó consigo. Llegado a casa, dio a sus hijastras lo que habían pedido, y a Cenicienta, el brote de avellano. La muchacha le dio las gracias, y se fue con la rama a la tumba de su madre, allí la plantó, regándola con sus lágrimas, y el brote creció, convirtiéndose en un hermoso árbol. Cenicienta iba allí tres veces al día, a llorar y rezar, y siempre encontraba un pajarillo blanco posado en una rama; un pajarillo que, cuando la niña le pedía algo, se lo echaba desde arriba.

It happened one day that the father went to the fair, and he asked his two stepdaughters what he should bring back for them. "Fine clothes!" said one. "Pearls and jewels!" said the other. "But what will you have, Cinderella?"

said he. "The first twig, father, that strikes against your hat on the way home; that is what I should like you to bring me." So he bought for the two step-daughters fine clothes, pearls, and jewels, and on his way back, as he rode through a green lane, a hazel twig struck against his hat; and he broke it off and carried it home with him. And when he reached home he gave to the step-daughters what they had wished for, and to Cinderella he gave the hazel twig. She thanked him, and went to her mother's grave, and planted this twig there, weeping so bitterly that the tears fell upon it and watered it, and it flourished and became a fine tree. Cinderella went to see it three times a day, and wept and prayed, and each time a white bird rose up from the tree, and if she uttered any wish the bird brought her whatever she had wished for.

Sucedió que el Rey organizó unas fiestas, que debían durar tres días, y a las que fueron invitadas todas las doncellas bonitas del país, para que el príncipe heredero eligiese entre ellas una esposa. Al enterarse las dos hermanastras que también ellas figuraban en la lista, se pusieron muy contentas. Llamaron a Cenicienta, y le dijeron: "Péinanos, cepíllanos bien los zapatos y abróchanos las hebillas; vamos a la fiesta de palacio." Cenicienta obedeció, aunque llorando, pues también ella hubiera querido ir al baile, y, así, rogó a su madrastra que se lo permitiese. "¿Tú, la Cenicienta, cubierta de polvo y porquería, pretendes ir a la fiesta? No tienes vestido ni zapatos, ¿y quieres bailar?" Pero al insistir la muchacha en sus súplicas, la mujer le dijo, finalmente: "Te he echado un plato de lentejas en la ceniza, si las recoges en dos horas, te dejaré ir." La muchachita, saliendo por la puerta trasera, se fue al jardín y exclamó: "¡Palomitas mansas, tortolillas y avecillas todas del cielo, vengan a ayudarme a recoger lentejas!:

Las buenas, en el pucherito; las malas, en el buchecito."

Now it came to pass that the King ordained a festival that should last for three days, and to which all the beautiful young women of that country were bidden, so that the King's son might choose a bride from among them. When the two stepdaughters heard that they too were bidden to appear, they felt very pleased, and they called Cinderella and said, "Comb our hair, brush our shoes, and make our buckles fast, we are going to the wedding feast at the King's castle." When she heard this, Cinderella could not help crying, for she too would have liked to go to the dance, and she begged her step-mother to allow her.

"What! You Cinderella!" said she, "in all your dust and dirt, you want to go to the festival! you that have no dress and no shoes! you want to dance!" But as she persisted in asking, at last the stepmother said, "I have strewed a dishful of lentils in the ashes, and if you can pick them all up again in two hours you may go with us." Then the maiden went to the back-door that led into the garden, and called out, "O gentle doves, O turtle-doves, and all the birds that be, The lentils that in ashes lie Come and pick up for me! The good must be put in the dish, the bad you may eat if you wish."

Y acudieron a la ventana de la cocina dos palomitas blancas, luego las tortolillas y, finalmente, comparecieron, bulliciosas y presurosas, todas las avecillas del cielo y se posaron en la ceniza. Y las palomitas, bajando las cabecitas, empezaron: pic, pic, pic, pic; y luego todas las demás las imitaron: pic, pic, pic, pic, y en un santiamén todos los granos buenos estuvieron en la fuente. No había transcurrido ni una hora cuando, terminado el trabajo, echaron a volar y desaparecieron. La muchacha llevó la fuente a su madrastra, contenta porque creía que la permitirían ir a la fiesta, pero la vieja le dijo: "No, Cenicienta, no tienes vestidos y no puedes bailar. Todos se burlarían de ti." Y como la pobre rompiera a llorar: "Si en una hora eres capaz de limpiar dos fuentes llenas de lentejas que echaré en la ceniza, te permitiré que vayas." Y pensaba: "Jamás podrá hacerlo." Pero cuando las lentejas estuvieron en la ceniza, la doncella salió al jardín por la puerta trasera y gritó: "¡Palomitas mansas, tortolillas y avecillas todas del cielo, vengan a ayudarme a limpiar lentejas!:

Las buenas, en el pucherito; las malas, en el buchecito."

Then there came to the kitchen-window two white doves, and after them some turtle-doves, and at last a crowd of all the birds under heaven, chirping and fluttering, and they alighted among the ashes; and the doves nodded with their heads, and began to pick, peck, pick, peck, and then all the others began to pick, peck, pick, peck, and put all the good grains into the dish. Before an hour was over all was done, and they flew away.

Then the maiden brought the dish to her step-mother, feeling joyful, and thinking that now she should go to the feast; but the step-mother said, "No, Cinderella, you have no proper clothes, and you do not know how to dance, and you would be laughed at!" And when Cinderella cried for disappointment, she added, "If you can pick two dishes full of lentils out of the ashes, nice and clean, you shall go with us," thinking to herself, "for that is not possible." When she had strewed two dishes full of lentils among the ashes the maiden went through the back-door into the garden, and cried, "O gentle doves, O turtle-doves, And all the birds that be, The lentils that in ashes lie Come and pick up for me! The good must be put in the dish, the bad you may eat if you wish."

Y enseguida acudieron a la ventana de la cocina dos palomitas blancas y luego las tortolillas, y, finalmente, comparecieron, bulliciosas y presurosas, todas las avecillas del cielo y se posaron en la ceniza. Y las palomitas, bajando las cabecitas, empezaron: pic, pic, pic, pic; y luego todas las demás las imitaron: pic, pic, pic, pic, echando todos los granos buenos en las fuentes. No había transcurrido aún media hora cuando, terminada ya su tarea, emprendieron todas el vuelo. La muchacha llevó las fuentes a su madrastra, pensando que aquella vez le permitiría ir a la fiesta. Pero la mujer le dijo: "Todo es inútil; no vendrás, pues no tienes vestidos ni sabes bailar. Serías nuestra vergüenza." Y, volviéndole la espalda, partió apresuradamente con sus dos orgullosas hijas.

So there came to the kitchen-window two white doves, and then some turtledoves, and at last a crowd of all the other birds under heaven, chirping and fluttering, and they alighted among the ashes, and the doves nodded with their heads and began to pick, peck, pick, peck, and then all the others began to pick, peck, pick, peck, and put all the good grains into the dish. And before half-anhour was over it was all done, and they flew away. Then the maiden took the dishes to the step-mother, feeling joyful, and thinking that now she should go with them to the feast; but she said, "All this is of no good to you; you cannot come with us, for you have no proper clothes, and cannot dance; you would put us to shame." Then she turned her back on poor Cinderella and made haste to set out with her two proud daughters.

No habiendo ya nadie en casa, Cenicienta se encaminó a la tumba de su madre, bajo el avellano, y suplicó:

"¡Arbolito, sacude tus ramas frondosas, y échame oro y plata y más cosas!"

Y he aquí que el pájaro le echó un vestido bordado en plata y oro, y unas zapatillas con adornos de seda y plata. Se vistió a toda prisa y corrió a palacio, donde su madrastra y hermanastras no la reconocieron, y, al verla tan ricamente ataviada, la tomaron por una princesa extranjera. Ni por un momento se les ocurrió pensar en

Cenicienta, a quien creían en su cocina, sucia y buscando lentejas en la ceniza. El príncipe salió a recibirla, y tomándola de la mano, bailó con ella. Y es el caso que no quiso bailar con ninguna otra ni la soltó de la mano, y cada vez que se acercaba otra muchacha a invitarlo, se negaba diciendo: "Ésta es mi pareja."

And as there was no one left in the house, Cinderella went to her mother's grave, under the hazel bush, and cried, "Little tree, little tree, shake over me, That silver and gold may come down and cover me."

Then the bird threw down a dress of gold and silver, and a pair of slippers embroidered with silk and silver. And in all haste she put on the dress and went to the festival. But her step-mother and sisters did not know her, and thought she must be a foreign Princess, she looked so beautiful in her golden dress. Of Cinderella they never thought at all, and supposed that she was sitting at home, and picking the lentils out of the ashes. The King's son came to meet her, and took her by the hand and danced with her, and he refused to stand up with anyone else, so that he might not be obliged to let go her hand; and when any one came to claim it he answered, "She is my partner."

Al anochecer, Cenicienta quiso volver a su casa, y el príncipe le dijo: "Te acompañaré," deseoso de saber de dónde era la bella muchacha. Pero ella se le escapó, y se encaramó de un salto al palomar. El príncipe aguardó a que llegase su padre, y le dijo que la doncella forastera se había escondido en el palomar. Entonces pensó el viejo: ¿Será la Cenicienta? Y, pidiendo que le trajesen un hacha y un pico, se puso a derribar el palomar. Pero en su interior no había nadie. Y cuando todos llegaron a casa, encontraron a Cenicienta entre la ceniza, cubierta con sus sucias ropas, mientras un candil de aceite ardía en la chimenea; pues la muchacha se había dado buena maña en saltar por detrás del palomar y correr hasta el avellano; allí se quitó sus hermosos vestidos, y los depositó sobre la tumba, donde el pajarillo se encargó de recogerlos. Y enseguida se volvió a la cocina, vestida con su sucia batita.

And when the evening came she wanted to go home, but the Prince said he would go with her to take care of her, for he wanted to see where the beautiful maiden lived. But she escaped him, and jumped up into the pigeon-house. Then the Prince waited until the father came, and told him the strange maiden had jumped into the pigeon-house. The father thought to himself, "It surely cannot be Cinderella," and called for axes and hatchets, and had the pigeon-house cut down, but there was no one in it. And when they entered the house there sat Cinderella in her dirty clothes among the cinders, and a little oil lamp burnt dimly in the chimney; for Cinderella had been very quick, and had jumped out of the pigeon-house again, and had run to the hazel bush; and there she had taken off her beautiful dress and had laid it on the grave, and the bird had carried it away again, and then she had put on her little gray kirtle again, and had sat down in the kitchen among the cinders.

Al día siguiente, a la hora de volver a empezar la fiesta, cuando los padres y las hermanastras se hubieron marchado, la muchacha se dirigió al avellano y le dijo:

"¡Arbolito, sacude tus ramas frondosas, y échame oro y plata y, más cosas!"

El pajarillo le envió un vestido mucho más espléndido aún que el de la víspera; y al presentarse ella en palacio tan magníficamente ataviada, todos los presentes se pasmaron ante su belleza. El hijo del Rey, que la había estado aguardando, la tomó inmediatamente de la mano y sólo bailó con ella. A las demás que fueron a solicitarlo, les respondía: "Ésta es mi pareja." Al anochecer, cuando la muchacha quiso retirarse, el príncipe la siguió, para ver a qué casa se dirigía; pero ella desapareció de un brinco en el jardín de detrás de la suya. Crecía en él un grande y hermoso peral, del que colgaban peras magníficas. Se subió ella a la copa con la ligereza de una ardilla, saltando entre las ramas, y el príncipe la perdió de vista. El joven aguardó la llegada del padre, y le dijo: "La joven forastera se me ha escapado; creo que se subió al peral." Pensó el padre: ¿Será la Cenicienta? Y, tomando un hacha, derribó el árbol, pero nadie apareció en la copa. Y cuando entraron en la cocina, allí estaba Cenicienta entre las cenizas, como tenía por costumbre, pues había saltado al suelo por el lado opuesto del árbol, y, después de devolver los hermosos vestidos al pájaro del avellano, volvió a ponerse su batita gris.

The next day, when the festival began anew, and the parents and step-sisters had gone to it, Cinderella went to the hazel bush and cried, "Little tree, little tree, shake over me, that silver and gold may come down and cover me."

Then the bird cast down a still more splendid dress than on the day before.

And when she appeared in it among the guests everyone was astonished at her beauty. The Prince had been waiting until she came, and he took her hand and danced with her alone. And when anyone else came to invite her he said, "She is my partner." And when the evening came she wanted to go home, and the Prince followed her, for he wanted to see to what house she belonged; but she broke away from him, and ran into the garden at the back of the house. There stood a fine large tree, bearing splendid pears; she leapt as lightly as a squirrel among the branches, and the Prince did not know what had become of her. So he waited until the father came, and then he told him that the strange maiden had rushed from him, and that he thought she had gone up into the pear tree. The father thought to himself, "It surely cannot be Cinderella," and called for an axe, and felled the tree, but there was no one in it. And when they went into the kitchen there sat Cinderella among the cinders, as usual, for she had got down the other side of the tree, and had taken back her beautiful clothes to the bird on the hazel bush, and had put on her old gray kirtle again.

El tercer día, en cuanto se hubieron marchado los demás, volvió Cenicienta a la tumba de su madre y suplicó al arbolillo:

"¡Arbolito, sacude tus ramas frondosas, y échame oro y plata y más cosas!"

Y el pájaro le echó un vestido soberbio y brillante como jamás se viera otro en el mundo, con unos zapatitos de oro puro. Cuando se presentó a la fiesta, todos los concurrentes se quedaron boquiabiertos de admiración. El hijo del Rey bailó exclusivamente con ella, y a todas las que iban a solicitarlo les respondía: "Ésta es mi pareja."

On the third day, when the parents and the step-children had set off, Cinderella went again to her mother's grave, and said to the tree, "Little tree, little tree, shake over me, that silver and gold may come down and cover me." Then the bird cast down a dress, the like of which had never been seen for splendor and brilliancy, and slippers that were of gold.

And when she appeared in this dress at the feast nobody knew what to say for wonderment. The Prince danced with her alone, and if anyone else asked her he answered, "She is my partner."

Al anochecer se despidió Cenicienta. El hijo del Rey quiso acompañarla; pero ella se escapó con tanta rapidez, que su admirador no pudo darle alcance. Pero esta vez recurrió a una trampa: mandó embadurnar

con pez las escaleras de palacio, por lo cual, al saltar la muchacha los peldaños, se le quedó la zapatilla izquierda adherida a uno de ellos. Recogió el príncipe la zapatilla, y observó que era diminuta, graciosa, y toda ella de oro. A la mañana siguiente presentóse en casa del hombre y le dijo: "Mi esposa será aquella cuyo pie se ajuste a este zapato." Las dos hermanastras se alegraron, pues ambas tenían los pies muy lindos. La mayor fue a su cuarto para probarse la zapatilla, acompañada de su madre. Pero no había modo de introducir el dedo gordo; y al ver que la zapatilla era demasiado pequeña, la madre, alargándole un cuchillo, le dijo: "¡Córtate el dedo! Cuando seas reina, no tendrás necesidad de andar a pie." Lo hizo así la muchacha; forzó el pie en el zapato y, reprimiendo el dolor, se presentó al príncipe. Él la hizo montar en su caballo y se marchó con ella. Pero hubieron de pasar por delante de la tumba, y dos palomitas que estaban posadas en el avellano gritaron:

"Ruke di guk, ruke di guk; sangre hay en el zapato. El zapato no le va, la novia verdadera en casa está."

And when it was evening Cinderella wanted to go home, and the Prince was about to go with her, when she ran past him so quickly that he could not follow her. But he had laid a plan, and had caused all the steps to be spread with pitch, so that as she rushed down them the left shoe of the maiden remained sticking in it. The Prince picked it up, and saw that it was of gold, and very small and slender. The next morning he went to the father and told him that none should be his bride save the one whose foot the golden shoe should fit.

Then the two sisters were very glad, because they had pretty feet. The eldest went to her room to try on the shoe, and her mother stood by. But she could not get her great toe into it, for the shoe was too small; then her mother handed her a knife, and said, "Cut the toe off, for when you are Queen you will never have to go on foot." So the girl cut her toe off, squeezed her foot into the shoe, concealed the pain, and went down to the Prince. Then he took her with him on his horse as his bride, and rode off. They had to pass by the grave, and there sat the two pigeons on the hazel bush, and cried, "There they go, there they go! There is blood on her shoe; the shoe is too small, not the right bride at all!"

Miró el príncipe el pie y vio que de él fluía sangre. Hizo dar media vuelta al caballo y devolvió la muchacha a su madre, diciendo que no era aquella la que buscaba, y que la otra hermana tenía que probarse el zapato. Subió ésta a su habitación y, aunque los dedos le entraron holgadamente, en cambio no había manera de meter el talón. Le dijo la madre, alargándole un cuchillo: "Córtate un pedazo del talón. Cuando seas reina no tendrás necesidad de andar a pie." Cortóse la muchacha un trozo del talón, metió a la fuerza el pie en el zapato y, reprimiendo el dolor, se presentó al hijo del Rey. Montó éste en su caballo y se marchó con ella. Pero al pasar por delante del avellano, las dos palomitas posadas en una de sus ramas gritaron:

"Ruke di guk, ruke di guk; sangre hay en el zapato. El zapato no le va, la novia verdadera en casa está."

Then the Prince looked at her shoe, and saw the blood flowing. And he turned his horse round and took the false bride home again, saying she was not the right one, and that the other sister must try on the shoe. So she went into her room to do so, and got her toes comfortably in, but her heel was too large. Then her mother handed her the knife, saying, "Cut a piece off your heel; when you are Queen you will never have to go on foot." So the girl cut a piece off her heel, and thrust her foot into the shoe, concealed the pain, and went down to the Prince, who took his bride before him on his horse and rode off. When they passed by the hazel bush the two pigeons sat there and cried, "There they go, there they go! There is blood on her shoe; the shoe is too small, not the right bride at all!"

Miró el príncipe el pie de la muchacha y vio que la sangre emanaba del zapato y había enrojecido la blanca media. Hizo dar media vuelta al caballo y llevó a su casa a la falsa novia. "Tampoco es ésta la verdadera," dijo. "¿No tienen otra hija?" - "No," respondió el hombre. Sólo de mi esposa difunta queda una Cenicienta pringosa; pero es imposible que sea la novia." Mandó el príncipe que la llamasen; pero la madrastra replicó: "¡Oh, no! ¡Va demasiado sucia! No me atrevo a presentarla." Pero como el hijo del Rey insistiera, no hubo más remedio que llamar a Cenicienta. Lavóse ella primero las manos y la cara y, entrando en la habitación, saludó al príncipe con una reverencia, y él tendió el zapato de oro. Se sentó la muchacha en un escalón, se quitó el pesado zueco y se calzó la chinela: le venía como pintada. Y cuando, al levantarse, el príncipe le miró el rostro, reconoció en el acto a la hermosa doncella que había bailado con él, y exclamó: "¡Ésta sí que es mi verdadera novia!" La madrastra y sus dos hijas palidecieron de rabia; pero el

príncipe ayudó a Cenicienta a montar a caballo y marchó con ella. Y al pasar por delante del avellano, gritaron las dos palomitas blancas:

"Ruke di guk, ruke di guk; no tiene sangre el zapato. Y pequeño no le está; es la novia verdadera con la que va."

Then the Prince looked at her foot, and saw how the blood was flowing from the shoe, and staining the white stocking. And he turned his horse round and brought the false bride home again. "This is not the right one," said he, "have you no other daughter?"

"No," said the man, "only my dead wife left behind her a little stunted Cinderella; it is impossible that she can be the bride." But the King's son ordered her to be sent for, but the mother said, "Oh no! she is much too dirty, I could not let her be seen." But he would have her fetched, and so Cinderella had to appear.

First she washed her face and hands quite clean, and went in and curtseyed to the Prince, who held out to her the golden shoe. Then she sat down on a stool drew her foot out of the heavy wooden shoe, and slipped it into the golden one, which fitted it perfectly. And when she stood up, and the Prince looked in her face, he knew again the beautiful maiden that had danced with him, and he cried, "This is the right bride!" The step-mother and the two sisters were thunderstruck, and grew pale with anger; but he put Cinderella before him on his horse and rode off. And as they passed the hazel bush, the two white pigeons cried, "There they go, there they go! No blood on her shoe; the shoe's not too small, the right bride is she after all."

Y, dicho esto, bajaron volando las dos palomitas y se posaron una en cada hombro de Cenicienta.

Al llegar el día de la boda, se presentaron las traidoras hermanas, muy zalameras, deseosas de congraciarse con Cenicienta y participar de su dicha. Pero al encaminarse el cortejo a la iglesia, yendo la mayor a la derecha de la novia y la menor a su izquierda, las palomas, de sendos picotazos, les sacaron un ojo a cada una. Luego, al salir, yendo la mayor a la izquierda y la menor a la derecha, las mismas aves les sacaron el otro ojo. Y de este modo quedaron castigadas por su maldad, condenadas a la ceguera para todos los días de su vida.

FIN

And when they had thus cried, they came flying after and perched on Cinderella's shoulders, one on the right, the other on the left, and so remained.

And when her wedding with the Prince was appointed to be held the false sisters came, hoping to curry favor, and to take part in the festivities. So as the bridal procession went to the church, the eldest walked on the right side and the younger on the left, and the pigeons picked out an eye of each of them. And as they returned the elder was on the left side and the younger on the right, and the pigeons picked out the other eye of each of them. And so they were condemned to go blind for the rest of their days because of their wickedness and falsehood.

THE END

PULGARCITO
TOM THUMB

Charles Perrault

Había una vez un pobre campesino. Una noche se encontraba sentado, atizando el fuego, y su esposa hilaba sentada junto a él, a la vez que lamentaban el hallarse en un hogar sin niños.

—¡Qué triste es que no tengamos hijos! —dijo él—. En esta casa siempre hay silencio, mientras que en los demás hogares todo es alegría y bullicio de criaturas.

—¡Es verdad! —contestó la mujer suspirando—.Si por lo menos tuviéramos uno, aunque fuera muy pequeño y no mayor que el pulgar, seríamos felices y lo amaríamos con todo el corazón. Y ocurrióque el deseo se cumplió.

THERE WAS once a poor countryman who used to sit in the chimney-corner all evening and poke the fire, while his wife sat at her spinning-wheel.

And he used to say, "How dull it is without any children about us; our house is so quiet, and other people's houses so noisy and merry!" "Yes," answered his wife, and sighed, "if we could only have one, and that one ever so little, no bigger than my thumb, how happy I should be! It would, indeed, be having our heart's desire."

Resultó que al poco tiempo la mujer se sintió enferma y, después de siete meses, trajo al mundo un niño bien proporcionado en todo, pero no más grande que un dedo pulgar.

—Es tal como lo habíamos deseado —dijo—. Va a ser nuestro querido hijo, nuestro pequeño.

Y debido a su tamaño lo llamaron Pulgarcito. No le escatimaban la comida, pero el niño no crecía y se quedó tal como era cuando nació. Sin embargo, tenía ojos muy vivos y pronto dio muestras de ser muy inteligente, logrando todo lo que se proponía.

Now, it happened that after a while the woman had a child who was perfect in all his limbs, but no bigger than a thumb. Then the parents said, "He is just what we wished for, and we love him very much," and they named him according to his stature, "Tom Thumb." And though they gave him plenty of nourishment, he grew no bigger, but remained exactly the same size as when he was first born; and he had very good faculties, and was very quick and prudent, so that all he did prospered.

Un día, el campesino se aprestaba a ir al bosque a cortar leña.

—Ojalá tuviera a alguien para conducir la carreta —dijo en voz baja.

—¡Oh, padre! —exclamó Pulgarcito— ¡yo me haré cargo! ¡Cuenta conmigo! La carreta llegará a tiempo al bosque.

One day his father made ready to go into the forest to cut wood, and he said, as if to himself, "Now, I wish there was someone to bring the cart to me." "O father," cried Tom Thumb, "if I can bring the cart, let me alone for that, and in proper time, too!"

El hombre se echó a reír y dijo:

—¿Cómo podría ser eso? Eres muy pequeño para conducir el caballo con las riendas.

—¡Eso no importa, padre! Tan pronto como mi madre lo enganche, yo me pondré en la oreja del caballo y le gritaré por dónde debe ir.

—¡Está bien! —contestó el padre, probaremos una vez.

Cuando llegó la hora, la madre enganchó la carreta y colocó a Pulgarcito en la oreja del caballo, donde el pequeño se puso a gritarle por dónde debía ir, tan pronto con "¡Hejjj!", como un "¡Arre!". Todo fue tan bien como con un conductor y la carreta fue derecho hasta el bosque. Sucedió que, justo en el momento que rodeaba un matorral y que el pequeño iba gritando "¡Arre! ¡Arre!", dos extrañospasabanporahí.

Then the father laughed, and said, "How will you manage that? You are much too little to hold the reins." "That has nothing to do with it, father; while my mother goes on with her spinning I will sit in the horse's ear and tell him where to go." "Well," answered the father, "we will try it for once." When it was time to set off, the mother went on spinning, after setting Tom Thumb in the horse's ear; and so he drove off, crying, "Gee-up, gee-wo!" So the horse went on quite as if his master were driving him, and drew the wagon along the right road to the wood.

Now it happened just as they turned a corner, and the little fellow was calling out "Gee-up!" that two strange men passed by.

—¡Cómo es eso! —dijo uno— ¿Qué es lo que pasa? La carreta rueda, alguien conduce el caballo y sin embargo no se ve a nadie.

—Todo es muy extraño —asintió el otro—. Seguiremos la carreta para ver en dónde se para.

La carreta se internó en pleno bosque y llegó justo al sitio sonde estaba la leña cortada. Cuando Pulgarcito divisó a su padre, le gritó:

—Ya ves, padre, ya llegué con la carreta. Ahora, bájame del caballo.

El padre tomó las riendas con la mano izquierda y con la derecha sacó a su hijo de la oreja del caballo, quien feliz se sentó sobre una brizna de hierba. Cuando los dos extraños divisaron a Pulgarcito quedaron tan sorprendidos que no supieron qué decir. Uno y otro se escondieron y se dijeron entre ellos:

—Oye, ese pequeño valiente bien podría hacer nuestra fortuna si lo exhibimos en la ciudad a cambio de dinero.

"Look," said one of them, "how is this? There goes a wagon, and the driver is calling to the horse, and yet he is nowhere to be seen." "It is very strange," said the other; "we will follow the wagon, and see where it belongs." And the wagon went right through the forest, up to the place where the wood had been hewed. When Tom Thumb caught sight of his father, he cried out, "Look, father, here am I with the wagon; now, take me down." The father held the horse with his left hand, and with the right he lifted down his little son out of the horse's ear, and Tom Thumb sat down on a stump, quite happy and content. When the two strangers saw him they were struck dumb with wonder. At last one of them, taking the other aside, said to him, "Look here, the little chap would make our fortune if we were to show him in the town for money.

Debemos comprarlo. Se dirigieron al campesino y le dijeron:

—Véndenos ese hombrecito; estará muy bien con nosotros.

—No —respondió el padre— es mi hijo querido y no lo vendería por todo el oro del mundo.

Pero al oír esta propuesta, Pulgarcito se trepó por los pliegues de las ropas de su padre, se colocó sobre su hombro y le dijo al oído:

—Padre, véndeme; sabré cómo regresar a casa. Entonces, el padre lo entregó a los dos hombres a cambio de una buena cantidad de dinero.

Suppose we buy him." So they went up to the woodcutter, and said, "Sell the little man to us; we will take care he shall come to no harm." "No," answered the father; "he is the apple of my eye, and not for all the money in the world would I sell him." But Tom Thumb, when he heard what was going on, climbed up by his father's coat tails, and, perching himself on his shoulder, he whispered in his ear, "Father, you might as well let me go. I will soon come back again." Then the father gave him up to the two men for a large piece of money.

—¿En dónde quieres sentarte? —le preguntaron.

—¡Ah!, pónganme sobre el ala de su sombrero; ahí podré pasearme a lo largo y a lo ancho, disfrutando del paisaje y no me caeré.

Cumplieron su deseo, y cuando Pulgarcito se hubo despedido de su padre se pusieron todos en camino. Viajaron hasta que anocheció y Pulgarcito dijo entonces:

—Bájenme al suelo, tengo necesidad.

—No, quédate ahí arriba —le contestó el que lo llevaba en su cabeza—. No me importa. Las aves también me dejan caer a menudo algo encima.

—No —respondió Pulgarcito—, sé lo que les conviene. Bájenme rápido.

El hombre tomó de su sombrero a Pulgarcito y lo posó en un campo al borde del camino. Por un momento dio saltitos entre los terrones de tierra y, de repente, enfiló hacia un agujero de ratón que había localizado.

They asked him where he would like to sit. "Oh, put me on the brim of your hat," said he. "There I can walk about and view the country, and be in no danger of falling off." So they did as he wished, and when Tom Thumb had taken leave of his father, they set off all together. And they traveled on until it grew dusk, and the little fellow asked to be set down a little while for a change, and after some difficulty they consented. So the man took him down from his hat, and set him in a field by the roadside, and he ran away directly, and, after creeping about among the furrows, he slipped suddenly into a mouse-hole, just what he was looking for.

—¡Buenas noches, señores, sigan sin mí! —les gritó en tono burlón.

Acudieron prontamente y rebuscaron con sus bastones en la madriguera del ratón, pero su esfuerzo fue inútil. Pulgarcito se introducía cada vez más profundo y como la oscuridad no tardó en hacerse total, se vieron obligados a regresar, burlados y con la bolsa vacía.

"Good evening, my masters, you can go home without me!" cried he to them, laughing. They ran up and felt about with their sticks in the mouse-hole, but in vain. Tom Thumb crept farther and farther in, and as it was growing dark, they had to make the best of their way home, full of vexation, and with empty purses.

Cuando Pulgarcito se dio cuenta de que se habían marchado, salió de su escondite.

"Es peligroso atravesar estos campos de noche, cuando más peligros acechan", pensó, "se puede uno fácilmente caer o lastimar".

Felizmente, encontró una concha vacía de caracol.

—¡Gracias a Dios! —exclamó—, ahí dentro podré pasar la noche con tranquilidad; y ahí se introdujo.

When Tom Thumb found they were gone, he crept out of his hiding-place underground. "It is dangerous work groping about these holes in the darkness," said he; "I might easily break my neck." But by good fortune he came upon an empty snail shell. "That's all right," said he. "Now I can get safely through the night"; and he settled himself down in it.

Un momento después, cuando estaba a punto de dormirse, oyó pasar a dos hombres, uno de ellos decía:

—¿Cómo haremos para robarle al cura adinerado todo su oro y su dinero?

—¡Yo bien podría decírtelo! —se puso a gritar Pulgarcito.

—¿Qué es esto? —dijo uno de los espantados ladrones, he oído hablar a alguien.

Pararon para escuchar y Pulgarcito insistió:

—Llévenme con ustedes, yo los ayudaré.

—¿En dónde estás?

—Busquen aquí, en el piso; fíjense de dónde viene la voz —contestó.

Before he had time to get to sleep, he heard two men pass by, and one was saying to the other, "How can we manage to get hold of the rich parson's gold and silver?" "I can tell you how," cried Tom Thumb. "How is this?"

said one of the thieves, quite frightened, "I hear someone speak!" So they stood still and listened, and Tom Thumb spoke again: "Take me with you; I will show you how to do it!" "Where are you, then?" asked they. "Look about on the ground and notice where the voice comes from," answered he.

Por fin los ladrones lo encontraron y lo alzaron.

—A ver, pequeño valiente, ¿cómo pretendes ayudarnos?

—¡Eh!, yo me deslizaré entre los barrotes de la ventana de la habitación del cura y les iré pasando todo cuanto quieran.

—¡Está bien! Veremos qué sabes hacer.

At last they found him, and lifted him up. "You little elf," said they, "how can you help us?" "Look here," answered he, "I can easily creep between the iron bars of the parson's room and hand out to you whatever you would like to have." "Very well," said they, "we will try what you can do."

Cuando llegaron a la casa, Pulgarcito se deslizó en la habitación y se puso a gritar con todas sus fuerzas.

—¿Quieren todo lo que hay aquí?

Los ladrones se estremecieron y le dijeron:

—Baja la voz para no despertar a nadie.

Pero Pulgarcito hizo como si no entendiera y continuó gritando:

—¿Qué quieren? ¿Les hace falta todo lo que aquí?

La cocinera, quien dormía en la habitación de al lado, oyó estos gritos, se irguió en su cama y escuchó, pero los ladrones asustados se habían alejado un poco. Por fin recobraron el valor diciéndose:

—Ese hombrecito quiere burlarse de nosotros.

Regresaron y le cuchichearon:

—Vamos, nada de bromas y pásanos alguna cosa.

So when they came to the parsonage-house, Tom Thumb crept into the room, but cried out with an his might, "Will you have all that is here?" So the thieves were terrified, and said, "Do speak more softly, lest anyone should be awaked." But Tom Thumb made as if he did not hear them, and cried out again, "What would you like? Will you have all that is here?" so that the cook, who was sleeping in a room hard by, heard it, and raised herself in bed and listened. The thieves, however, in their fear of being discovered, had run back part of the way, but they took courage again, thinking that it was only a jest of the little fellow's. So they came back and whispered to him to be serious, and to hand them out something.

Entonces, Pulgarcito se puso a gritar con todas sus fuerzas:

—Sí, quiero darles todo: introduzcan sus manos.

La cocinera, que ahora sí oyó perfectamente, saltó de su cama y se acercó ruidosamente a la puerta. Los ladrones, atemorizados, huyeron como si llevasen el diablo tras de sí, y la criada, que no distinguía nada, fue a encender una vela. Cuando volvió, Pulgarcito, sin ser descubierto, se había escondido en el granero. La sirvienta, después de haber inspeccionado en todos los rincones y no encontrar nada, acabó por volver a su cama y supuso que había soñado con ojos y orejas abiertos.

Then Tom Thumb called out once more as loud as he could, "Oh yes, I will give it all to you, only put out your hands." Then the listening maid heard him distinctly that time, and jumped out of bed, and burst open the door. The thieves ran off as if the wild huntsman were behind them; but the maid, as she could see nothing, went to fetch a light. And when she came back with one, Tom Thumb had taken himself off, without being seen by her, into the barn; and the maid, when she had looked in every hole and corner and found nothing, went back to bed at last, and thought that she must have been dreaming with her eyes and ears open.

Pulgarcito había trepado por la paja y en ella encontró un buen lugarcito para dormir. Quería descansar ahí hasta que amaneciera y después volver con sus padres, pero aún le faltaba ver otras cosas, antes de poder estar feliz en su hogar.

So Tom Thumb crept among the hay, and found a comfortable nook to sleep in, where he intended to remain until it was day, and then to go home to his father and mother. But other things were to befall him; indeed, there is nothing but trouble and worry in this world!

Como de costumbre, la criada se levantó al despuntar el día para darles de comer a los animales. Fue primero al granero, y de ahí tomó una brazada de paja, justamente de la pila en donde Pulgarcito estaba dormido. Dormía tan profundamente que no se dio cuenta de nada y no despertó hasta que estuvo en la boca de la vaca que había tragado la paja.

The maid got up at dawn of day to feed the cows. The first place she went to was the barn, where she took up an armful of hay, and it happened to be the very heap in which Tom Thumb lay asleep. And he was so fast asleep, that he was aware of nothing, and never waked until he was in the mouth of the cow, who had taken him up with the hay.

—¡Dios mío! —exclamó—. ¿Cómo pude caer en este molino triturador? Pronto comprendió en dónde se encontraba. Tuvo buen cuidado de no aventurarse entre los dientes, que lo hubieran aplastado; mas no pudo evitar resbalar hasta el estómago.

—He aquí una pequeña habitación a la que se omitió ponerle ventanas —se dijo—Y no entra el sol y tampoco es fácil procurarse una luz.

Esta morada no le gustaba nada, y lo peor era que continuamente entraba más paja por la puerta y que el espacio iba reduciéndose más y más. Entonces, angustiado, decidió gritar con todas sus fuerzas:

—¡Ya no me envíen más paja! ¡Ya no me envíen más paja!

"Oh dear," cried he, "how is it that I have got into a mill!" but he soon found out where he was, and he had to be very careful not to get between the cow's teeth, and at last he had to descend into the cow's stomach. "The windows were forgotten when this little room was built," said he, "and the sunshine cannot get in; there is no light to be had." His quarters were in every way unpleasant to him, and, what was the worst, new hay was constantly coming in, and the space was being filled up. At last he cried out in his extremity, as loud as he could, "No more hay for me! No more hay for me!"

La criada estaba ordeñando a la vaca y cuando oyó hablar sin ver a nadie, reconoció que era la misma voz que había escuchado por la noche, y se sobresaltó tanto que resbaló de su taburete y derramó toda la leche.

Corrió a toda prisa donde se encontraba el amo y le gritó:

—¡Ay, Dios mío! ¡Señor cura, la vaca ha hablado!

—¡Está loca! —respondió el cura, quien se dirigió al establo a ver de qué se trataba.

Apenas cruzó el umbral cuando Pulgarcito se puso a gritar de nuevo:

—¡Ya no me enviéis más paja! ¡Ya no me enviéis más paja!

The maid was then milking the cow, and as she heard a voice, but could see no one, and as it was the same voice that she had heard in the night, she was so frightened that she fell off her stool and spilt the milk. Then she ran in great haste to her master, crying, "Oh, master dear, the cow spoke!" "You must be crazy," answered her master, and he went himself to the cowhouse to see what was the matter. No sooner had he put his foot inside the door, than Tom Thumb cried out again, "No more hay for me! No more hay for me!"

Ante esto, el mismo cura tuvo miedo, suponiendo que era obra del diablo y ordenó que se matara a la vaca. Entonces se sacrificó a la vaca; solamente el estómago, donde estaba encerrado Pulgarcito, fue arrojado al estercolero. Pulgarcito intentó por todos los medios salir de ahí, pero en el instante en que empezaba a sacar la cabeza, le aconteció una nueva desgracia.

Un lobo hambriento, que acertó a pasar por ahí, se tragó el estómago de un solo bocado.

Then the parson himself was frightened, supposing that a bad spirit had entered into the cow, and he ordered her to be put to death. So she was killed, but the stomach, where Tom Thumb was lying, was thrown upon a dunghill. Tom Thumb had great trouble to work his way out of it, and he had just made a space big enough for his head to go through, when a new misfortune happened. A hungry wolf ran up and swallowed the whole stomach at one gulp.

Pulgarcito no perdió ánimo. "Quizá encuentre un medio de ponerme de acuerdo con el lobo", pensaba. Y, desde el fondo de su panza, su puso a gritarle:

—¡Querido lobo, yo sé de un festín que te vendría mucho mejor!

—¿Dónde hay que ir a buscarlo? —contestó el lobo.

—En tal y tal casa. No tienes más que entrar por la trampilla de la cocina y ahí encontrarás pastel, tocino, salchichas, tanto como tú desees comer.

Y le describió minuciosamente la casa de sus padres.

But Tom Thumb did not lose courage. "Perhaps," thought he, "the wolf will listen to reason," and he cried out from the inside of the wolf, "My dear wolf, I can tell you where to get a splendid meal!" "Where is it to be had?" asked the wolf. "In such and such a house, and you must creep into it through the drain, and there you will find cakes and bacon and broth, as much as you can eat," and he described to him his father's house.

El lobo no necesitó que se lo dijeran dos veces. Por la noche entró por la trampilla de la cocina y, en la despensa, disfrutó todo con enorme placer. Cuando estuvo harto, quiso salir, pero había engordado tanto que ya no podía usar el mismo camino. Pulgarcito, que ya contaba con que eso pasaría, comenzó a hacer un enorme escándalo dentro del vientre del lobo.

The wolf needed not to be told twice. He squeezed himself through the drain in the night, and feasted in the store-room to his heart's content. When at last he was satisfied, he wanted to go away again, but he had become so big, that to creep the same way back was impossible. This Tom Thumb had reckoned upon, and began to make a terrible din inside the wolf, crying and calling as loud as he could.

—¡Te quieres estar quieto! —le dijo el lobo—. Vas a despertar a todo el mundo.

—¡Tanto peor para ti! —contestó el pequeño—. ¿No has disfrutado ya? Yo también quiero divertirme.

Y se puso de nuevo a gritar con todas sus fuerzas.

"Will you be quiet?" said the wolf; "you will wake the folks up!" "Look here," cried the little man, "you are very well satisfied, and now I will do something for my own enjoyment," and began again to make all the noise he could.

A fuerza de gritar, despertó a su padre y a su madre, quienes corrieron hacia la habitación y miraron por las rendijas de la puerta. Cuando vieron al lobo, el hombre corrió a buscar el hacha y la mujer la hoz.

—Quédate detrás de mí —dijo el hombre cuando entraron en el cuarto—. Cuando le haya dado un golpe, si acaso no ha muerto, le pegarás con la hoz y le desgarrarás el cuerpo.

Cuando Pulgarcito oyó la voz de su padre, gritó:

—¡Querido padre, estoy aquí; aquí, en la barriga del lobo!

—¡Al fin! —dijo el padre—.¡Ya ha aparecido nuestro querido hijo!

Le indicó a su mujer que soltara la hoz, por temor a lastimar a Pulgarcito. Entonces, se adelantó y le dio al lobo un golpe tan violento en la cabeza que éste cayó muerto. Después fueron a buscar un cuchillo y unas tijeras, le abrieron el vientre y sacaron al pequeño.

At last the father and mother were awakened, and they ran to the room-door and peeped through the chink, and when they saw a wolf in occupation, they ran and fetched weapons- the man an axe, and the wife a scythe. "Stay behind," said the man, as they entered the room; "when I have given him a blow, and it does not seem to have killed him, then you must cut at him with your scythe." Then Tom Thumb heard his father's voice, and cried, "Dear father, I am here in the wolf's inside." Then the father called out full of joy, "Thank heaven that we have found our dear child!" and told his wife to keep the scythe out of the way, lest Tom Thumb should be hurt with it. Then he drew near and struck the wolf such a blow on the head that he fell down dead; and then he fetched a knife and a pair of scissors, slit up the wolf's body, and let out the little fellow.

—¡Qué suerte! —dijo el padre—. ¡Qué preocupados estábamos por ti!

—¡Sí, padre, he vivido mil desventuras. ¡Por fin, puedo respirar el aire libre!

—Pues, ¿dónde te metiste?

—¡Ay, padre!, he estado en la madriguera de un ratón, en el vientre de una vaca y dentro de la panza de un lobo. Ahora, me quedaré a vuestro lado.

—Y nosotros no te volveríamos a vender, aunque nos diesen todos los tesoros del mundo.

Abrazaron y besaron con mucha ternura a su querido Pulgarcito, le sirvieron de comer y de beber, y lo bañaron y le pusieron ropas nuevas, pues las que llevaba mostraban los rastros de las peripecias de su accidentado viaje.

FIN

"Oh, what anxiety we have felt about you!" said the father. "Yes, father, I have seen a good deal of the world, and I am very glad to breathe fresh air again." "And where have you been all this time?" asked his father. "Oh, I have been in a mouse-hole and a snail's shell, in a cow's stomach and a wolf's inside; now I think I will stay at home." "And we will not part with you for all the kingdoms of the world," cried the parents, as they kissed and hugged their dear little Tom Thumb. And they gave him something to eat and drink, and a new suit of clothes, as his old ones were soiled with travel.

THE END

JACK Y LAS HABICUELAS MÁGICAS
JACK AND THE BEANSTALK

Joseph Jacobs

Había una vez un niño llamado Jack que vivía con su madre pobre y viuda. Ellos habían vendido casi todo lo que tenían para comprar comida. Cuando su última vaca dejó de dar leche, la madre de Jack le envió a la ciudad para que vendiera a la vaca.

Once upon a time there was a boy named Jack who lived with his poor widowed mother. They had sold almost everything they owned to buy food. When their last cow stopped giving milk, Jack's mother sent him to town to sell it.

En el camino a la ciudad Jack conoció a un extraño hombre que le contaba historias de habichuelas mágicas. "¿Dónde puedo comprar unas cuantas habichuelas mágicas para mi madre?", Preguntó Jack.

"Tengo las últimas cinco habichuelas mágicas y te las venderé a ti porque veo que eres un niño bueno", dijo el extraño sonriendo a Jack.

On the way to town Jack met a strange fellow who told him stories of magic beans. "Where can I buy some of these magic beans for my mother?" asked Jack.

"I have the last five magic beans and I will sell them to you because you are a good boy," the strange man smiled at Jack.

"Bueno, no tengo nada solamente esta vieja vaca y la necesitamos para venderla y comprar comida"

El hombre respondió: "Confía en mí, hijo mío, estos granos te traerán comida y fortuna y tu madre estará orgullosa."

"Well I have nothing but our old cow and we need the money I would get by selling her for food."

The man replied, "Trust me, my boy, these beans will bring you food and fortune and your mother will be proud."

Jack dudó pero finalmente intercambió la vaca por las habichuelas. Cuando Jack volvió a casa de su madre, ella se puso furiosa y llorando

lanzó los granos por la ventana de la cocina. Jack fue a la cama esa noche triste y con hambre.

Jack hesitated but finally traded the cow for the beans. When Jack returned home his mother was furious and threw the beans out the kitchen window crying. Jack went to bed that night sad and hungry.

Se despertó a la mañana siguiente para encontrar un enorme tallo que crecía en el jardín. "¡Las habichuelas son realmente mágicas!", Exclamó.

Jack vio que el tallo alcanzaba las nubes. Recordó historias sobre las nubes que contenían oro y comenzó a subir por el tallo para ver lo que podía encontrar.

He woke the next morning to find a huge beanstalk growing in the garden. "The beans really are magic!" he cried.

Jack saw that stalk reached the clouds. He remembered stories about the clouds containing gold and started climbing the stalk to see what he could find.

Subió y subió. Cuando llegó a la cima, vio un enorme castillo y se dirigió a él.

La puerta era tan grande que Jack podía arrastrarse debajo de ella. Una vez dentro vio a un gigante devorando su cena. Cuando el gigante terminó de comer llamó a su criado y le pidió que le trajera su bolsa de monedas de oro.

He climbed and climbed. When he got to the top he saw a huge castle and headed for it.

The door was so big that Jack could crawl beneath it. Once inside he saw a giant man eating his dinner. When the giant was finished he called his servant to bring him his bag of gold coins.

Mientras el gigante contaba su dinero empezó a adormecerse y posteriormente dormir.

Jack se deslizó hasta el gigante y le quitó su bolsa de oro. Bajó por el gigante tallo con su dinero y cuando estuvo abajo llamó a su madre.

While counting his money the giant became drowsy and fell asleep.

Jack crept up to the giant and stole his bag of gold. He struggled down the beanstalk with his money and when got to the bottom he called for his mother.

La madre de Jack estaba muy feliz porque ese dinero era el mismo que el gigante había robado al padre de Jack hace muchos años atrás. Pero ella también tenía miedo porque sabía lo peligroso que era el gigante e hizo prometer a Jack que nunca volvería.

Jack's mother was very happy because this money was the same money that the giant had stolen from Jack's father many years ago. But she was also afraid she knew how dangerous the giant was and made Jack promise he would never go back.

Mientras Jack hizo la promesa, después de un tiempo el dinero comenzó a agotarse. Jack empezó a preguntarse si encontraría algo más en el castillo.

Una vez más, Jack decidió volver a subir por el gigante tallo e ingresar al castillo. De nuevo llegó al castillo y se metió bajo la puerta.

While Jack did promise, after a while the money began to run out. Jack began to wonder if he would find anything else in the castle.

Once again, Jack decided he would go back up the beanstalk and back to the castle. Once again he reached the castle and climbed under the castle door.

Y una vez más encontró al gigante comiendo en su mesa. Sin embargo esta vez cuando el gigante había terminado llamó a su gallina mágica.

Jack se sorprendió cuando vio a la gallina poner un huevo de oro puro. Y mientras el gigante observaba a la gallina nuevamente le dio sueño y cayó dormido. Jack se deslizó silenciosamente a la mesa y cogió a la gallina.

And once again he found the giant eating dinner at his table. When he was finished this time however the giant called for his magic hen.

Jack was amazed when he saw the hen lay an egg of pure gold. While the giant was watching the hen he again became drowsy and fell asleep. Jack crept silently to the table and grabbed the hen.

Cuando regresó a casa su madre estaba muy enojada de que Jack había vuelto al castillo. Agarró el hacha de Jack e intentó cortar el tallo.

Jack le suplicó que no lo hiciera y le mostró cómo la gallina podía poner huevos de oro. La madre de Jack soltó el hacha y observó con deleite como la gallina ponía un hermoso huevo de oro, uno tras otro.

When he returned home his mother was very angry that Jack had gone back to the castle. She grabbed Jack's axe intent on cutting the beanstalk down.

Jack begged her not to and showed her how hen that could lay golden eggs. Jack's mother put the axe down and watched with delight as the hen layed one beautiful golden egg after another.

Después de un tiempo la curiosidad de Jack sacó lo mejor de él y de nuevo pensó en qué más podría encontrar en el castillo.

Una vez más, Jack decidió volver a subir por el tallo y regresar al castillo. De nuevo frente al castillo se metió bajo la puerta. Y una vez más encontró al gigante comiendo en su mesa.

After a while Jack's curiosity got the better of him and he once again thought about what else he could find he in the castle.

Once again, Jack decided he would go back up the beanstalk and back to the castle. Once again he reached the castle and climbed under the castle door. And once again he found the giant eating dinner at his table.

Y de nuevo cuando el gigante terminó esta vez llamó a su arpa mágica. Jack veía como el arpa comenzaba a tocar música hermosa por sí misma.

La música era tan hermosa que en poco tiempo el gigante adormecido nuevamente empezaba a dormir.

And once again when he was finished this time however the giant called for his magic harp. Jack watched as the harp began to play beautiful music all by itself.

The music was so beautiful that before long the lazy giant was once again fast asleep.

Jack se deslizó en silencio a la mesa. Pero tan pronto como cogió el arpa, ésta comenzó a tocar muy fuerte en sus extrañas manos y el gigante se despertó.

"Fee, Fi, Fo, Fum," gritó el gigante y persiguió al muchacho y su arpa. Jack corrió hacia el tallo y se deslizó hacia abajo.

Jack crept silently to the table. But as soon as Jack picked up the harp it began playing very loudly in his strange hands and the giant awoke.

"Fee, Fi, Fo, Fum," yelled the giant and he chased after the boy and his harp. Jack raced to the beanstalk and slid down.

Podíasentir el tallosacudirse tan pronto como el gigantecomenzaba a bajar. Por suerte su hacha estaba cerca y comenzó a talar el tallo.

El tallo se sacudió y se agrietó a causa del peso del gigante y las cortadas de Jack.

Finalmente el tallo se rompió y el gigante cayó a la tierra para no ser visto de nuevo. Jack y sumadrevivieronfelices para siempre.

FIN

He could feel the stalk shake as the giant began climbing down. Luckily his axe was nearby and he began chopping down the beanstalk.

The beanstalk shook and cracked under the weight of the giant and Jack's chopping.

Finally the stalk snapped and the giant fell to the earth never to be seen again. Jack and his mother lived happily ever after.

THE END

HANSEL Y GRETEL
HANSEL AND GRETEL

Jacob Ludwig Grimm and Wilhelm Carl Grimm

En el límite de un gran bosque vivía un pobre leñador con su mujer y sus dos hijos: el pequeño se llamaba Hansel y la pequeña Gretel.

Tenía muy poco para comer y una vez que el país fue azotado por una gran hambruna no le fue posible procurarse ni el pan cotidiano.

NEAR a great forest there lived a poor woodcutter and his wife and his two children; the boy's name was Hansel and the girl's Gretel. They had very little to bite or to sup, and once, when there was great dearth in the land, the man could not even gain the daily bread.

Una noche, mientras se atormentaba y se revolvía de inquietud en el lecho, suspiró y dijo a su mujer.

-¿Qué va a ser de nosotros? ¿Cómo podremos alimentar a nuestros pobres hijos si ni siquiera tenemos nada para nosotros?

-Tengo una idea -respondió la mujer-; mañana, bien temprano, llevaremos a los niños a la parte más espesa del bosque. Prenderemos una hoguera para ellos, les daremos un trocito de pan a cada uno, luego nos iremos al trabajo y los dejaremos solos. No encontrarán el camino de regreso y así nos libraremos de ellos.

-¡No, mujer! -respondió el marido-, ¡Yo no haré eso!; no tengo corazón para abandonar a mis hijos en el bosque; las fieras acabarían pronto con ellos.

-Tonto -replicó ella-, entonces moriremos de hambre los cuatro; no tendrás más que alistar nuestros ataúdes.

Y no le dio tregua ni reposo hasta lograr que consintiera.

As he lay in bed one night thinking of this, and turning and tossing, he sighed heavily, and said to his wife, "What will become of us? We cannot even feed our children; there is nothing left for ourselves." "I will tell you what, husband," answered the wife; "we will take the children early in the morning into the forest, where it is thickest; we will make them a fire, and we will give each of them a piece of bread, then we will go to our work and leave them alone; they will never find the way home again, and we shall be quit of them." "No, wife," said the man, "I cannot do that; I cannot find in my heart to take my children into the forest and to leave them there alone; the wild animals would soon come and devour them." "Oh you fool," said she, "then we will all four starve; you had better get the coffins ready"- and she left him no peace until he consented.

-Pero aun así esos pobres niños me dan lástima -decía el hombre.

A causa del hambre los dos niños tampoco habían podido dormirse y oyeron lo que la madrastra decía a su padre. Gretel lloró amargamente y dijo Hansel:

-¿Y ahora qué será de nosotros?

-Chist, Gretel -dijo Hansel-. No te preocupes que conseguiré librarnos de esta.

Y cuando, los viejos se durmieron, se levantó, se puso su saconcito, abrió la puerta y salió furtivamente. La luna brillaba intensamente y los pequeños guijarros blancos que estaban diseminados frente a la casa resplandecían como monedas nuevas. Hansel se inclinó y con ellos llenó sus bolsillos. Luego regresó y dijo a Gretel:

-Ten confianza, hermanita querida, y duérmete tranquilamente; Dios no nos abandonara. Y se volvió al lecho.

"But I really pity the poor children," said the man.

The two children had not been able to sleep for hunger, and had heard what their step-mother had said to their father. Gretel wept bitterly, and said to Hansel, "It is all over with us." "Do be quiet, Gretel," said Hansel, "and do not fret. I will manage something." And when the parents had gone to sleep he got up, put on his little coat, opened the back door, and slipped out. The moon was shining brightly, and the white flints that lay in front of the house glistened like pieces of silver. Hansel stooped and filled the little pocket of his coat as full as it would hold. Then he went back again, and said to Gretel, "Be easy, dear little sister, and go to sleep quietly; God will not forsake us," and laid himself down again in his bed.

Al amanecer, aún antes de que el sol hubiera salido, la mujer llegó a despertar a los dos niños.

-¡Arriba, haraganes!; vamos a buscar leña al bosque.

Luego les dio un trocito de pan a cada uno diciéndoles:

-Tengan, algo para el almuerzo; ¡pero no lo coman antes porque no tendrán nada más!

Gretel puso lodo el pan bajo su delantal porque Hansel tenía los bolsillos llenos con los guijarros. De inmediato todos emprendieron camino hacia el bosque. Al cabo de un corto trecho Hansel se detuvo y miró en dirección de la casa. Así hizo varias veces más hasta que el padre le dijo:

-¿Qué tienes que mirar atrás? ¡Prestaatención y apúrate!

When the day was breaking, and before the sun had risen, the wife came and awakened the two children, saying, "Get up, you lazy bones; we are going into the forest to cut wood." Then she gave each of them a piece of bread, and said, "That is for dinner, and you must not eat it before then, for you will get no more." Gretel carried the bread under her apron, for Hansel had his pockets full of the flints. Then they set off all together on their way to the forest. When they had gone a little way Hansel stood still and looked back towards the house, and this he did again and again, till his father said to him, "Hansel, what are you looking at? Take care not to forget your legs."

-Lo que pasa, padre -respondió Hansel- es que miro a mi gatito blanco: está encima del techo y quiere decirme adiós.

-¡Tonto! -dijo la mujer-, no es tu gatito; es el sol de la mañana que brilla en la chimenea.

Sin embargo, Hansel no miraba a su gatito sino que cada vez que se volvía arrojaba al camino uno de los guijarros blancos que llevaba en el bolsillo.

"Oh father," said Hansel, "I am looking at my little white kitten, who is sitting up on the roof to bid me good-bye." "You young fool," said the woman, "that is not your kitten, but the sunshine on the chimney pot." Of course Hansel had not been looking at his kitten, but had been taking every now and then a flint from his pocket and dropping it on the road.

Cuando llegaron al corazón del bosque el padre dijo:

-Ahora recojan leña, hijitos, que voy a prender fuego para que no sientan frío.

Hansel y Gretel hicieron una montañita de ramas. Encendieron el haz y cuando las llamas estuvieron altas la mujer dijo:

-Acuéstense cerca del fuego, hijitos, y descansen; cuando terminemos los venimos a buscar.

Hansel y Gretel permanecieron sentados cerca del fuego y cuando llegó el mediodía cada uno comió su trocito de pan. Como oían los golpes del hacha creían que su padre estaba en las cercanías. Pero no era el hacha lo que sonaba sino una gruesa rama que habían atado a un árbol seco y que de tanto en tanto el viento agitaba. Como permanecieron así tanto tiempo, los ojos se les cerraron de fatiga y se durmieron profundamente.

When they reached the middle of the forest the father told the children to collect wood to make a fire to keep them warm; and Hansel and Gretel gathered brushwood enough for a little mountain; and it was set on fire, and when the flame was burning quite high the wife said, "Now lie down by the fire and rest yourselves, you children, and we will go and cut wood; and when we are ready we will come and fetch you." So Hansel and Gretel sat by the fire, and at noon they each ate their pieces of bread. They thought their father was in the wood all the time, as they seemed to hear the strokes of the axe, but really it was only a dry branch hanging to a withered tree that the wind moved to and fro. So when they had stayed there a long time their eyelids closed with weariness, and they fell fast asleep.

Cuando despertaron era noche. Gretel se puso a llorar y dijo:

-¿Cómo haremos ahora para salir del bosque?

Pero Hansel la consoló:

-Espera a que salga la luna: entonces encontraremos fácilmente el camino.

When at last they woke it was night, and Gretel began to cry, and said, "How shall we ever get out of this wood?" But Hansel comforted her, saying, "Wait a little while longer, until the moon rises, and then we can easily find the way home."

Y cuando la luna llena apareció, Hansel tomó a su hermanita por la mano y se puso en camino siguiendo los pequeños guijarros blancos que al brillar como monedas nuevas les mostraban el rumbo.

Caminaron durante toda la noche y llegaron a casa de su padre al amanecer. Golpearon a la puerta y cuando la mujer abrió y vio que eran Hansel y Gretel, dijo:

-¡Niños malos!; como durmieron tanto en el bosque creíamos que no querían volver más.

Pero el padre, que estaba muy arrepentido de haberlos abandonado, se alegró mucho de verlos.

And when the full moon got up Hansel took his little sister by the hand, and followed the way where the flint stones shone like silver, and showed them the road. They walked on the whole night through, and at the break of day they came to their father's house. They knocked at the door, and when the wife opened it and saw it was Hansel and Gretel she said, "You naughty children, why did you sleep so long in the wood? We thought you were never coming home again!" But the father was glad, for it had gone to his heart to leave them both in the woods alone.

Poco tiempo después, la miseria volvió a abatirse sobre todo el país y los niños oyeron a la mujer que decía una noche a su padre:

-Ya nos comimos casi todo lo que teníamos; nos queda solamente la mitad de un mendrugo y luego se habrá acabado todo. ¡Es necesario que se vayan! los conduciremos más lejos aún dentro del bosque para que no encuentren el camino de regreso: no hay otra salvación para nosotros.

El hombre sintió que un peso le oprimía el corazón y pensó:

-Más valdría compartir el último bocado con tus hijos.

Pero la mujer no quiso escucharle en sus protestas, lo injurió y le hizo reproches. Como lo que siempre vale es el primer paso y como había cedido una primera vez, fue obligado a ceder una segunda.

Not very long after that there was again great scarcity in those parts, and the children heard their mother say at night in bed to their father, "Everything is finished up; we have only half a loaf, and after that the tale comes to an end. The children must be off; we will take them farther into the wood this time, so that they shall not be able to find the way back again; there is no other way to manage." The man felt sad at heart, and he thought, "It would be better to share one's last morsel with one's children." But the wife would listen to nothing that he said, but scolded and reproached him. He who says A must say B too, and when a man has given in once he has to do it a second time.

Pero los niños permanecían aún despiertos y habían oído la conversación. Cuando los viejos se durmieron Hansel se levantó y quiso ir a recoger guijarros como la vez anterior pero la mujer había cerrado la puerta con llave y no pudo salir. Sin embargo, consoló a su hermanita y le dijo:

-No llores Gretel y duerme tranquila; ¡Dios nos ayudará!

But the children were not asleep, and had heard all the talk. When the parents had gone to sleep Hansel got up to go out and get more flint stones, as he did before, but the wife had locked the door, and Hansel could not get out; but he comforted his little sister, and said, "Don't cry, Gretel, and go to sleep quietly, and God will help us."

Al amanecer la mujer vino a buscar a los niños al lecho. Les dio un trozo de pan que era más pequeño que el de la vez anterior. Mientras caminaba hacia el bosque Hansel lo desmigajó en su bolsillo y a cada rato se detenía y arrojaba una miga al suelo.

Early the next morning the wife came and pulled the children out of bed. She gave them each a little piece of bread- less than before; and on the way to the wood Hansel crumbled the bread in his pocket, and often stopped to throw a crumb on the ground.

-¡Hansel! ¿Por qué te detienes a mirar hacia atrás? -dijo el padre-. ¡Vamos, continúa tu camino!

-Miro a mi palomita -respondió Hansel-; está sobre el tejado y quiere decirme adiós.

-¡Tonto! -dijo la mujer-, no es tu palomita, es el sol que resplandece en la chimenea.

Pero poco a poco Hansel fue arrojando todas las migas al camino.

"Hansel, what are you stopping behind and staring for?" said the father.

"I am looking at my little pigeon sitting on the roof, to say goodbye to me," answered Hansel.

"You fool," said the wife, "that is no pigeon, but the morning sun shining on the chimney pots." Hansel went on as before, and strewed bread crumbs all along the road.

La mujer condujo a los niños más lejos aún dentro del bosque, hasta un lugar recóndito donde jamás habían estado. Luego encendieron una gran fogata y la madre les dijo:

-Quédense aquí, niños y cuando se cansen pueden dormir un poco. Nosotros vamos a cortar leña en el bosque y a la noche, cuando hayamos terminado, vendremos a buscarlos.

Cuando llegó el mediodía Gretel compartió su pan con Hansel, que había sembrado con su trozo todo el camino. De inmediato se durmieron y el día pasó sin que nade viniera a buscar a los pobres niños.

Se despertaron ya muy entrada la noche y Hansel consoló a su hermanita diciéndole:

-Esperemos a que salga la luna; entonces veremos las migas que dejé caer y ellas nos mostrarán el camino de la casa.

The woman led the children far into the wood, where they had never been before in all their lives. And again there was a large fire made, and the mother said, "Sit still there, you children, and when you are tired you can go to sleep; we are going into the forest to cut wood, and in the evening, when we are ready to go home we will come and fetch you." So when noon came Gretel shared her bread with Hansel, who had strewed his along the road. Then they went to sleep, and the evening passed, and no one came for the poor children. When they awoke it was dark night, and Hansel comforted his little sister, and said, "Wait a little, Gretel, until the moon gets up, then we shall be able to see the way home by the crumbs of bread that I have scattered along it."

Cuando la luna salió, se pusieron en marcha pero no encontraron una sola miga puesto que los miles y miles de pájaros que vuelan sobre bosques y campos las habían comido. Hansel dijo a Gretel:

-¡Encontraremos el camino!

Pero no lo encontraron. Caminaron toda la noche y todo un día desde la mañana a la noche: pero no pudieron salir del bosque. Tenían mucha hambre, ya que no podían comer nada más que algunas bayas que crecían en el suelo. Como estaban tan cansados que sus piernas se negaban a sostenerlos se acostaron bajo un árbol y se durmieron.

So when the moon rose they got up, but they could find no crumbs of bread, for the birds of the woods and of the fields had come and picked them up. Hansel thought they might find the way all the same, but they could not. They went on all that night, and the next day from the morning until the evening, but they could not find the way out of the wood, and they were very hungry, for they had nothing to eat but the few berries they could pick up. And when they were so tired that they could no longer drag themselves along, they lay down under a tree and fell asleep.

El tercer amanecer desde que abandonaron la casa paterna comenzó a asomarse. Reemprendieron el camino, hundiéndose cada vez más en el bosque y si pronto alguien no acudía en su ayuda seguramente morirían de hambre.

A mediodía vieron parado en una rama un hermoso pajarito blanco como la nieve. Cantaba tan bien que se detuvieron para escucharlo. Cuando terminó tomó impulso y con un batir de alas voló frente a ellos. Ambos lo siguieron hasta una casita en cuyo techo se posó. Acercándose, vieron que la cabaña estaba hecha de pan, con el techo de pastel: las ventanas eran de pura azúcar.

It was now the third morning since they had left their father's house. They were always trying to get back to it, but instead of that they only found themselves farther in the wood, and if help had not soon come they would have starved. About noon they saw a pretty snow-white bird sitting on a bough, and singing so sweetly that they stopped to listen. And when he had finished the bird spread his wings and flew before them, and they followed after him until they came to a little house, and the bird perched on the roof, and when they came nearer they saw that the house was built of bread, and roofed with cakes, and the window was of transparent sugar.

-Aprovechemos -dijo Hansel- para comer bien. Yo voy a comer un trozo de techo y tú, Gretel, puedes comer un trozo de ventana, es muy dulce.

Hansel se subió y rompió un trozo de tejado para probar qué gusto tenía, Gretel se puso a roer algunas baldositas. Fue entonces que una voz muy dulce salió de la sala.

Oigo roedores roer. ¿Quién quiere roer mi chocita?

Los pequeños respondieron:

Es sólo el viento, el hilo del cielo.

"We will have some of this," said Hansel, "and make a fine meal. I will eat a piece of the roof, Gretel, and you can have some of the window- that will taste sweet."

So Hansel reached up and broke off a bit of the roof, just to see how it tasted, and Gretel stood by the window and gnawed at it. Then they heard a thin voice call out from inside, "Nibble, nibble, like a mouse, who is nibbling at my house?" And the children answered, "Never mind, it is the wind."

Y continuaron comiendo sin dejarse desconcertar. Hansel, que encontraba el techo muy de su agrado, arranco un gran pedazo y Gretel despegó un vidrio redondo entero, se sentó y se tomó su tiempo para comerlo. De pronto la puerta se abrió y salió una mujer, vieja como el tiempo, apoyada en su bastón. Hansel y Gretel fueron presa de tal terror que dejaron caer lo que tenían en las manos. Pero la vieja movió dulcemente la cabeza y dijo:

-Queridos niños, ¿qué los ha traído hasta aquí? Entren, pues, y quédense en mi casa: nada malo les ocurrirá.

Los tomó a ambos por la mano y los condujo a la casa. Allí les sirvió una buena comida, leche, tortilla de azúcar, manzanas y nueces. Luego les preparó dos camitas bien mullidas; Hansel y Gretel se acostaron y creyeron estar en el paraíso.

And they went on eating, never disturbing themselves. Hansel, who found that the roof tasted very nice, took down a great piece of it, and Gretel pulled out a large round window-pane, and sat her down and began upon it. Then the door opened, and an aged woman came out, leaning upon a crutch. Hansel and Gretel felt very frightened, and let fall what they had in their hands. The old woman, however, nodded her head, and said, "Ah, my dear children, how come you here? You must come indoors and stay with me, you will be no trouble." So she took them each by the hand, and led them into her little house. And there they found a good meal laid out, of milk and pancakes, with sugar, apples, and nuts. After that she showed them two little white beds, and Hansel and Gretel laid themselves down on them, and thought they were in heaven.

Pero la vieja solamente fingía ser amable; en realidad era una bruja mala que espiaba a los niños pequeños y había construido su casita de pan solamente para atraerlos. Cuando uno caía en su poder, lo mataba, lo cocinaba, lo comía y para ella ese era un día de fiesta.

Las brujas tienen los ojos rojos y la vista de poco alcance pero, en cambio, tienen tanto olfato como los animales del bosque y su nariz siente la proximidad de los hombres. Cuando Hansel y Gretel llegaron a sus dominios, ella sonrió malignamente y dijo:

-¡No se me escaparán!

The old woman, although her behavior was so kind, was a wicked witch, who lay in wait for children, and had built the little house on purpose to entice them.

When they were once inside she used to kill them, cook them, and eat them, and then it was a feast-day with her. The witch's eyes were red, and she could not see very far, but she had a keen scent, like the beasts, and knew very well when human creatures were near. When she knew that Hansel and Gretel were coming, she gave a spiteful laugh, and said triumphantly, "I have them, and they shall not escape me!"

Se levantó muy temprano, al amanecer, antes que los niños se despertaran y viéndolos reposar tan dulcemente, con sus mejillas redondas y rojas, murmuró en voz baja:

-¡Qué manjar exquisito!

Entonces tomó a Hansel con su mano descarnada, lo llevó a un pequeño establo y lo encerró detrás de una puerta enrejada. De nada le sirvió gritar. Luego volvió donde estaba Gretel, la sacudió para despertarla y le gritó:

-¡Levántate, haragana!; anda a buscar agua y prepara algo bueno para tu hermano; está encerrado en el establo y es necesario que engorde. Cuando esté gordo, lo comeré.

Gretel se puso a llorar amargamente pero tuvo que hacer lo que la bruja le ordenaba.

Early in the morning, before the children were awake, she got up to look at them, and as they lay sleeping so peacefully with round rosy cheeks, she said to herself, "What a fine feast I shall have!" Then she grasped Hansel with her withered hand, and led him into a little stable, and shut him up behind a grating; and call and scream as he might, it was no good. Then she went back to Gretel and shook her, crying, "Get up, lazy bones; fetch water, and cook something nice for your brother; he is outside in the stable, and must be fattened up. And when he is fat enough I will eat him." Gretel began to weep bitterly, but it was no use, she had to do what the wicked witch bade her.

Entonces se prepararon para el pobre Hansel los mejores platos y para Gretel sólo quedaban los caparazones de los cangrejos. Todas las mañanas la vieja se arrastraba al pequeño establo y gritaba:

-¡Hansel, muéstrame los dedos para ver si engordas!

And so the best kind of victuals was cooked for poor Hansel, while Gretel got nothing but crab-shells. Each morning the old woman visited the little stable, and cried, "Hansel, stretch out your finger, that I may tell if you will soon be fat enough."

Pero Hansel le tendía un huesito y la vieja, que tenía la vista defectuosa y no podía distinguirlo, creía que era uno de los dedos de Hansel y se asombraba de que no engordara. Pasadas cuatro semanas sin que Hansel engordara, la impaciencia la desbordó y no quiso esperar más.

Hansel, however, used to hold out a little bone, and the old woman, who had weak eyes, could not see what it was, and supposing it to be Hansel's finger, wondered very much that it was not getting fatter. When four weeks had passed and Hansel seemed to remain so thin, she lost patience and could wait no longer.

-¡Gretel! -gritó a la niñita-. ¡Apúrate y trae agua! Gordo o flaco mañana mataré a Hansel y lo cocinaré.

¡Cuánto se lamentaba la pobre hermanita y cómo corrían las lágrimas por su rostro mientras llevaba el agua!

-¡Oh, mi Dios, ayúdanos! -exclamaba. Si las fieras nos hubieran despedazado en el bosque, al menos habríamos muerto juntos.

-Ahórrame tus lloriqueos -dijo la vieja-; no te servirán de nada.

Al amanecer Gretel debió salir, colgar la marmita de agua y encender el fuego.

"Now then, Gretel," cried she to the little girl; "be quick and draw water; be Hansel fat or be he lean, tomorrow I must kill and cook 6 him." Oh what a grief for the poor little sister to have to fetch water, and how the tears flowed down over her cheeks! "Dear God, pray help us!" cried she; "if we had been devoured by wild beasts in the wood at least we should have died together." "Spare me your lamentations," said the old woman; "they are of no avail." Early next morning Gretel had to get up, make the fire, and fill the kettle.

-Primero -dijo la vieja- vamos a hacer el pan: ya prendí el horno y preparé la masa.

Luego empujó a Gretel hacia el horno de donde salían llamas.

-Entra -dijo la bruja- y ve si hay buena temperatura para hornear el pan.

Cuando Gretel estuviera adentro ella cerraría la puerta, la asaría y se la comería a ella también. Pero la pequeña adivinó lo que la bruja pensaba y le dijo:

-No sé cómo hacer para entrar ahí adentro.

"First we will do the baking," said the old woman; "I have heated the oven already, and kneaded the dough." She pushed poor Gretel towards the oven, out of which the flames were already shining. "Creep in," said the witch, "and see if it is properly hot, so that the bread may be baked." And Gretel once in, she meant to shut the door upon her and let her be baked, and then she would have eaten her. But Gretel perceived her intention, and said, "I don't know how to do it; how shall I get in?"

-¡Boba! -dijo la bruja-, la entrada es bastante grande: ¡fíjate, hasta yo misma podría entrar!

Se acercó hasta el horno y metió la cabeza en la boca. Entonces Gretel la empujó con tanta energía que la bruja se fue hasta el fondo. Luego cerró la puerta de hierro y echó el cerrojo. La vieja lanzaba aullidos horribles pero Gretel escapó y la bruja malvada ardió miserablemente.

Gretel corrió en busca de Hansel, abrió la puerta del establo y exclamó:

-¡Hansel nos hemos salvado!; la vieja bruja se murió.

El pequeño saltó hacia afuera como un pájaro al que le abren la puerta de la jaula.

"Stupid goose," said the old woman, "the opening is big enough, do you see? I could get in myself!" and she stooped down and put her head in the oven's mouth. Then Gretel gave her a push, so that she went in farther, and she shut the iron door upon her, and put up the bar. Oh how frightfully she howled! But Gretel ran away, and left the wicked witch to burn miserably. Gretel went straight to Hansel, opened the stable-door, and cried, "Hansel, we are free! The old witch is dead!" Then out flew Hansel like a bird from its cage as soon as the door is opened.

La alegría de los niños fue enorme. Se abrazaban, brincaban de un lado para el otro, saltaban. Como no tenían ya nada que temer, entraron a la casa de la bruja; en todos los rincones había cofres llenos de perlas y de piedras preciosas.

How rejoiced they both were! How they fell each on the other's neck and danced about, and kissed each other! And as they had nothing more to fear they went over all the old witch's house, and in every corner there stood chests of pearls and precious stones.

-Esto vale más que nuestros guijarritos –dijo Hansel y llenó tanto como pudo sus bolsillos.

-Yo también voy a llevar algo a nuestra casa - dijo Gretel mientras llenaba su delantalcito.

-Ahora hay que partir -dijo Hansel- para abandonar el bosque encantado.

Después de caminar durante algunas horas llegaron al borde de un gran río.

"This is something better than flint stones," said Hansel, as he filled his pockets; and Gretel, thinking she also would like to carry something home with her, filled her apron full.

"Now, away we go," said Hansel- "if we only can get out of the witch's wood." When they had journeyed a few hours they came to a great piece of water.

-No podremos pasar -dijo Hansel- no veo pasarela ni puente.

-Tampoco hay bote -dijo Gretel- pero allá hay un pato blanco que está nadando: si se lo pido, nos ayudará a pasar.

Entonces exclamó:

Pato, patito, no hay vado ni puente. Te piden, patito. Hansel y Gretel que sobre tu lomo de pluma los lleves.

El pato se aproximó. Hansel subió sobre sus alas y le dijo a su hermanita que hiciera lo mismo.

-No -respondió Gretel-, sería mucho peso para el patito: nos pasará a uno primero y al otro después.

"We can never get across this," said Hansel, "I see no steppingstones and no bridge." "And there is no boat either," said Gretel; "but here comes a white duck; if I ask her she will help us over." So she cried, - "Duck, duck, here we stand, Hansel and Gretel, on the land, Stepping-stones and bridge we lack, Carry us over on your nice white back." And the duck came accordingly, and Hansel got upon her and told his sister to come too. "No," answered

Gretel, "that would be too hard upon the duck; we can go separately, one after the other.

Así lo hizo la buena ave y cuando alcanzaron felizmente la orilla opuesta, después de hacer un pequeño tramo del camino, el bosque empezó a resultarles cada vez más conocido hasta que finalmente distinguieron la casa paterna.

Entonces se echaron a correr, se precipitaron en la sala y saltaron al cuello del padre. El hombre no había tenido un solo momento de alegría desde que había abandonado a los niños en el bosque. La mujer había muerto.

Gretel sacudió su delantal de modo que perlas y piedras preciosas se pusieron a brincar en el suelo mientras que Hansel vaciando sus bolsillos, sacaba puñados y puñados.

Se acabaron las preocupaciones y todos vivieron juntos y felices para siempre.

And that was how it was managed, and after that they went on happily, until they came to the wood, and the way grew more and more familiar, till at last they saw in the distance their father's house. Then they ran till they came up to it, rushed in at the door, and fell on their father's neck. The man had not had a quiet hour since he left his children in the wood; but the wife was dead. And when Gretel opened her apron the pearls and precious stones were scattered all over the room, and Hansel took one handful after another out of his pocket. Then was all care at an end, and they lived in great joy together.

Mi cuento ha acabado. Por allí salta una lauchita. Quien la atrape podrá hacerse un gran, gran gorro de piel.

FIN

Sing every one, my story is done.

And look! Round the house

There runs a little mouse.

He that can catch her before she scampers in May make himself a fur-cap out of her skin.

THE END

RICITOS DE ORO Y LOS TRES OSOS
GOLDILOCKS AND THE THREE BEARS

Robert Southey

Hace muchos años atrás, en las profundidades de un inmenso bosque se encontraba el hogar de una familia de osos: papá oso, mamá osa y el pequeño hijo oso. Un día, tras hacer todas las camas, limpiar la casa y preparar la sopa para la cena, los tres ositos fueron a dar un paseo por el bosque.

Once upon a time there were three bears who lived in a house in the forest. There was a great big father bear, a middle-sized mother bear and a tiny baby bear.

One morning, their breakfast porridge was too hot to eat, so they decided to go for a walk in the forest.

Mientras estaban fuera de casa, por los alrededores pasaba una niña a la que todos apodaban Ricitos de Oro por sus hermosos cabellos dorados. La niña había salido a recolectar flores y percatándose de la casa de los osos no pudo evitar acercarse. Se puso a merodear la casa recordando que sus padres le habían enseñado a no invadir los espacios ajenos, pero cuando se acercó a la ventana, vio que no había nadie en la casa y un delicioso aroma a comida le golpeó la nariz y se decidió a entrar.

While they were out, a little girl called Goldilocks came through the trees and found their house. She knocked on the door and, as there was no answer, she pushed it open and went inside.

Nada más de poner los pies dentro, Ricitos se dejó llevar por la curiosidad y comenzó a mirar en todos los rincones de la casa. Se acercó a la mesa y vio que habían tres tazones: uno pequeño, otro mediano y otro más grande todavía. Una vez más recordó las enseñanzas de sus padres pero viendo la exquisita sopa que estaba en esos tazones, no pudo resistir la tentación y se lanzó a probarla.

In front of her was a table with three chairs, one large chair, one middle-sized chair and one small chair. On the table were three bowls of porridge, one large bowl, one middle-sized bowl and one small bowl – and three spoons.

Comenzó por el tazón más grande, pero al probarlo, encontró que la sopa estaba demasiado caliente. Entonces pasó al mediano y le pareció que la sopa estaba demasiado fría. Por último, probó del tazón más pequeño y la sopa estaba justo como a ella le gustaba, así que se la tomó toda.

Cuando acabó la sopa, Ricitos de Oro quiso sentarse, así que se subió a la silla más grande pero estaba demasiado dura para ella. Pasó a la silla mediana y le pareció demasiado blanda. Y finalmente decidió sentarse en la silla más pequeña que le resultó tan cómoda como si hubiese estado hecha a su medida. Sin embargo, la débil sillita que no estaba construida para aguantar tanto peso fue cediendo poco a poco hasta que finalmente se rompió.

Goldilocks was hungry and the porridge looked good, so she sat in the great big chair, picked up the large spoon and tried some of the porridge from the big bowl. But the chair was very big and very hard, the spoon was heavy and the porridge too hot.

Goldilocks jumped off quickly and went over to the middle-sized chair. But this chair was far too soft, and when she tried the porridge from the middle-sized bowl it was too cold. So she went over to the little chair and picked up the smallest spoon and tried some of the porridge from the tiny bowl.

This time it was neither too hot nor too cold. It was just right and so delicious that she ate it all up. But she was too heavy for the little chair and it broke in pieces under her weight.

Después del susto, Ricitos empezó a sentir un poco de sueño y sin pensárselo dos veces decidió subir a la habitación para probar las camas. Primero probó la cama grande pero era demasiado alta. Luego fue hasta la cama mediana pero ésta era muy baja y por fin probó la cama pequeña, la encontró tan mullida y cómoda que se quedó totalmente dormida.

Next Goldilocks went upstairs, where she found three beds. There was a great big bed, a middle-sized bed and a tiny little bed. By now she was feeling rather tired. So she climbed into the big bed and lay down. The big bed was very hard and far too big. Then she tried the middle-sized bed, but that was far too soft. So she climbed into the tiny little bed. It was neither too hard nor too soft. In fact, it felt just right, all cozy and warm. And in no time at all Goldilocks fell fast asleep.

Mientras Ricitos de Oro dormía los osos se disponían a regresar a su hogar. Poco tardaron en llegar y cuando entraron a la casa se llevaron una gran sorpresa. Nada más entrar el oso grande vio cómo su cuchara estaba dentro del tazón y dijo con una voz muy ruda:

– ¡Alguien ha probado mi sopa!

Mamá oso también vio su cuchara dentro del tazón y exclamó:

– ¡También alguien ha probado mi sopa!

Cuando el osito pequeño se acercó a su tazón dijo con voz apesadumbrada:

– ¡Alguien se ha tomado mi sopa!

In a little while, the three bears came back from their walk in the forest. They saw at once that pushed open the door of their house and Father Bear looked around. Then Father Bear looked at his bowl of porridge and saw the spoon in it and he said in his great big growly voice:

"SOMEBODY HAS BEEN EATING MY PORRIDGE"

Then Mother Bear saw that her bowl had a spoon in it, and said in her quiet voice:

"Somebody has been eating my porridge."

Little Bear looked at his porridge bowl and said in his small squeaky baby voice:

"Somebody has been eating my porridge, and has eaten it all up."

Cuando la familia pasó al salón, papá oso exclamó:

– ¡Alguien se ha sentado en mi silla!

Y mamá oso dijo:

– ¡También alguien se ha sentado en mi silla!

El pequeño osito solo pudo decir con su voz aflautada:

– ¡Alguien se ha sentado en mi sillita y además la ha roto!

Then Father Bear looked around and roared with a growly voice.

Mother Bear said in a quiet gentle voice:

"Somebody has been sitting in my chair."

Then Little Bear said in small squeaky baby voice:

"Somebody has been sitting in my chair and has broken it!"

Al ver que allí no había nadie, subieron entonces a la habitación para ver si el ladrón de su comida se encontraba todavía en el interior de la casa. Al entrar en la habitación, papá oso dijo:

– ¡Alguien se ha acostado en mi cama!

Y mamá oso exclamó:

– ¡También alguien se ha acostado en mi cama!

Y el osito pequeño dijo:

– ¡Alguien se ha acostado en mi camita y todavía sigue durmiendo!

Then the three bears went upstairs, and Father Bear saw at once that his bed was untidy, and he said in his great big growly voice:

"SOMEBODY HAS BEEN SLEEPING IN MY BED!"

Mother Bear saw that her bed, too, had the bedclothes turned back, and she said in her quiet gentle voice:

"Somebody has been sleeping in my bed!"

Then Little Bear looked at his bed and said in his small squeaky baby voice:

"Somebody is sleeping in my bed!"

Mientras los osos se acercaban Ricitos de Oro escuchó la voz fuerte de papá oso pero le pareció que había sido un trueno, y que la voz de mamá oso había sido una dulce voz que le hablaba en sueños pero cuando escuchó la voz aflautada del osito despertó sobresaltada.

De un salto se sentó en la cama mientras los osos la observaban, cruzó hacia el otro lado de la cama y salió corriendo por la ventana sin parar un solo instante hasta que llegó a su casa. Y desde ese momento, Ricitos de Oro nunca más volvió a entrar en casa de nadie sin pedir primero permiso.

FIN

He squeaked so loudly that Goldilocks woke up with a start. She jumped out of bed, and away she ran, down the stairs and out into the forest. And the three bears never saw her again.

THE END

Hans Christian Andersen

Vivió en tiempos pasados un emperador tan, pero tan aficionado a la ropa, que gastaba todo su dinero en trajes nuevos. Cuando inspeccionaba las tropas, cuando iba al teatro o cuando andaba de paseo, su único afán era mostrar sus nuevos vestidos. Se cambiaba a cada rato y así como suele decirse que el rey "está en el Consejo", de él decían "el emperador está en el guardarropa".

MANY, many years ago lived an emperor, who thought so much of new clothes that he spent all his money in order to obtain them; his only ambition was to be always well dressed. He did not care for his soldiers, and the theatre did not amuse him; the only thing, in fact, he thought anything of was to drive out and show a new suit of clothes. He had a coat for every hour of the day; and as one would say of a king "He is in his cabinet," so one could say of him, "The emperor is in his dressing-room."

La capital era una ciudad llena de alegría gracias a los muchos extranjeros que la visitaban. Un día llegaron dos pillos, haciéndose pasar por tejedores y proclamando que sabían tejer la más bella tela del mundo. Los colores y los diseños eran de gran hermosura, pero además los trajes confeccionados con esa tela tenían una maravillosa virtud: eran invisibles para los que no desempeñaban bien sus cargos o carecían de inteligencia.

The great city where he resided was very gay; every day many strangers from all parts of the globe arrived. One day two swindlers came to this city; they made people believe that they were weavers, and declared they could manufacture the finest cloth to be imagined. Their colours and patterns, they said, were not only exceptionally beautiful, but the clothes made of their material possessed the wonderful quality of being invisible to any man who was unfit for his office or unpardonably stupid.

–Esa ropa no tiene precio –reflexionó el emperador–; con ella podré distinguir a los incapaces de mi gobierno y a los inteligentes de los tontos. Sí, necesito sin falta esa tela.

Así es que adelantó a los pillos una considerable cantidad de dinero para que comenzaran a trabajar de inmediato.

Los pillos, entonces, armaron telares, fingieron que tejían, aunque las bobinas estaban absolutamente vacías. Pedían más y más seda fina y oro más fino todavía, y todo iba dar a sus bolsillos mientras trabajaban hasta altas horas de la noche en sus desocupados telares.

"That must be wonderful cloth," thought the emperor. "If I were to be dressed in a suit made of this cloth I should be able to find out which men in my empire were unfit for their places, and I could distinguish the clever from the stupid. I must have this cloth woven for me without delay." And he gave a large sum of money to the swindlers, in advance, that they should set to work without any loss of time. They set up two looms, and pretended to be very hard at work, but they did nothing whatever on the looms. They asked for the finest silk and the most precious gold-cloth; all they got they did away with, and worked at the empty looms till late at night.

—De alguna forma tengo que saber qué han hecho —dijo el emperador.

Se le encogía el corazón al pensar que los tontos y los incapaces no verían la tela. No es que dudara de sí mismo, pero estimó preferible mandar a alguien para que examinara el trabajo antes que él. Los habitantes de la ciudad sabían que la tela tenía una maravillosa virtud y ardían de impaciencia por ver hasta qué punto sus vecinos eran tontos o incapaces.

But he felt rather uneasy when he remembered that he who was not fit for his office could not see it. Personally, he was of opinion that he had nothing to fear, yet he thought it advisable to send somebody else first to see how matters stood. Everybody in the town knew what a remarkable quality the stuff possessed, and all were anxious to see how bad or stupid their neighbours were.

—Enviaré a mi buen ministro —pensó el emperador— a visitar a los tejedores. Nadie mejor calificado que él para juzgar la tela: se distingue por lo inteligente y por lo capaz.

El honrado y viejo ministro entró al taller donde los impostores trabajaban en sus telares vacíos.

"¡Dios!", pensó, abriendo los ojos de par en par, "no veo nada". Sin embargo, prefirió no decir ni una sola palabra.

Los dos tejedores lo invitaron a acercarse para que pudiera admirar el fino diseño y los maravillosos colores de la tela. Le mostraban los telares vacíos y el pobre ministro abría los ojos sin poder ver cosa alguna, sencillamente porque nada había.

"¡Dios mío!", pensó, "¿seré incapaz? No me atrevo a confesar que la tela es invisible para mí".

"I shall send my honest old minister to the weavers," thought the emperor.

"He can judge best how the stuff looks, for he is intelligent, and nobody understands his office better than he." The good old minister went into the room where the swindlers sat before the empty looms. "Heaven preserve us!" he thought, and opened his eyes wide, "I cannot see anything at all," but he did not say so. Both swindlers requested him to come near, and asked him if he did not admire the exquisite pattern and the beautiful colours, pointing to the empty looms. The poor old minister tried his very best, but he could see nothing, for there was nothing to be seen. "Oh dear," he thought, "can I be so stupid? I should never have thought so, and nobody must know it! Is it possible that I am not fit for my office? No, no, I cannot say that I was unable to see the cloth."

–¡Bueno! ¿Qué opina? –le dijo uno de los tejedores.

–¡Bonito, realmente muy bonito! –contestó, poniéndose los anteojos–. Ese diseño y esos colores…, hermosos. Le diré al emperador que he quedado muy satisfecho.

–Lo cual nos causa mucho placer –dijeron los dos tejedores, mostrándole colores y diseños imaginarios y dándoles nombres apropiados. El anciano ministro puso la mayor atención para luego repetir al emperador una por una las explicaciones.

"Now, have you got nothing to say?" said one of the swindlers, while he pretended to be busily weaving. "Oh, it is very pretty, exceedingly beautiful," replied the old minister looking through his glasses. "What a beautiful pattern, what brilliant colours! I shall tell the emperor that I like the cloth very much." "We are pleased to hear that," said the two weavers, and described to him the colours and explained the curious pattern. The old minister listened attentively, that he might relate to the emperor what they said; and so he did.

Los pillos seguían pidiendo más dinero, seda y oro; eran cantidades enormes las que necesitaban para esa tela. Claro que todo iba a parar a sus bolsillos; el telar siempre vacío y ellos trabajando. Después de pasado algún tiempo, el emperador envió a otro honrado consejero a examinar el tejido y a averiguar si faltaba mucho para terminarlo. Al nuevo delegado le pasó lo mismo que al ministro. Pormásquemiraba y miraba, nada veía.

Now the swindlers asked for more money, silk and gold-cloth, which they required for weaving. They kept everything for themselves, and not a thread came near the loom, but they continued, as hitherto, to work at the empty looms.

Soon afterwards the emperor sent another honest courtier to the weavers to see how they were getting on, and if the cloth was nearly finished. Like the old minister, he looked and looked but could see nothing, as there was nothing to be seen.

–¿No es un tejido maravilloso? –preguntaron los dos impostores, explicándole el soberbio diseño y los primorosos colores que no existían.

"¡Pero yo no soy un estúpido!", pensaba el hombre. "¿Es que no soy capaz de desempeñarme en mi empleo? Raro asunto, pero ya me preocuparé de no perderlo".

Elogió la tela y se deshizo en halagos por el gusto en la elección de los colores y en el diseño.

–Nunca he visto una pieza tan magnífica –dijo al emperador, y toda la ciudad habló de la extraordinaria tela.

"Is it not a beautiful piece of cloth?" asked the two swindlers, showing and explaining the magnificent pattern, which, however, did not exist.

"I am not stupid," said the man. "It is therefore my good appointment for which I am not fit. It is very strange, but I must not let anyone know it;" and he praised the cloth, which he did not see, and expressed his joy at the beautiful colours and the fine pattern. "It is very excellent," he said to the emperor.

Everybody in the whole town talked about the precious cloth.

Por último, el emperador mismo quiso verla mientras todavía estuviese en el telar. Con selecta comitiva, en la cual iban los dos honestos funcionarios, visitó a los astutos pillos que seguían tejiendo aplicadamente, aunque sin seda, sin oro y sin hilo alguno.

–¿No es magnífica? –dijo el primer ministro.

–Los colores y el diseño son dignos de Vuestra Alteza –dijo el otro consejero.

Con el dedo le indicaban el telar vacío, como si hubieran visto allí alguna cosa.

At last the emperor wished to see it himself, while it was still on the loom. With a number of courtiers, including the two who had already been there, he went to the two clever swindlers, who now worked as hard as they could, but without using any thread.

"Is it not magnificent?" said the two old statesmen who had been there before. "Your Majesty must admire the colours and the pattern." And then they pointed to the empty looms, for they imagined the others could see the cloth.

"¿Qué es esto?", pensó el emperador, "no veo nada. ¡Qué espanto! ¿Seré tonto, entonces? ¿Incapaz de gobernar? No me podía haber sucedido nada peor...". Pero en voz alta exclamó:

–¡Espléndida! Ustedes son testigos de mi satisfacción.

Meneó la cabeza como si estuviera de lo más satisfecho y miró el telar sin atreverse a confesar la verdad. Todos los consejeros, ministros y señores importantes que había en su comitiva hicieron lo mismo, uno tras otro. Aunque no veían nada, repitieron tras el gran emperador:

–¡Espléndida! –y llegaron a aconsejarle que vistiera la nueva tela para el primer desfile importante que hubiese.

"What is this?" thought the emperor, "I do not see anything at all. That is terrible! Am I stupid? Am I unfit to be emperor? That would indeed be the most dreadful thing that could happen to me." "Really," he said, turning to the weavers, "your cloth has our most gracious approval;" and nodding contentedly he looked at the empty loom, for he did not like to say that he saw nothing. All his attendants, who were with him, looked and looked, and although they could not see anything more than the others, they said, like the emperor, "It is very beautiful." And all advised him to wear the new magnificent clothes at a great procession which was soon to take place.

–¡Magnífica! ¡Admirable! ¡Hermosa! –exclamaban a coro y el contento era general, aunque no habían visto nada.

Los impostores fueron condecorados y recibieron el título de Tejedores Hidalgos.

La noche anterior al desfile, ambos tejedores se quedaron en pie y trabajando a la luz de dieciséis velas. Todos veían lo muy ocupados que estaban. Por último, hicieron como si retirasen la tela del telar, cortaron el aire con grandes tijeras, cosieron con agujas sin hilo y acabaron anunciando que el traje estaba listo.

"It is magnificent, beautiful, excellent," one heard them say; everybody seemed to be delighted, and the emperor appointed the two swindlers "Imperial Court weavers." The whole night previous to the day on which the procession was to take place, the swindlers pretended to work, and burned more than sixteen candles.

People should see that they were busy to finish the emperor's new suit. They pretended to take the cloth from the loom, and worked about in the air with big scissors, and sewed with needles without thread, and said at last: "The emperor's new suit is ready now."

Seguido por sus edecanes, el emperador fue a examinarlo y los muy pillos, levantando los brazos como si sostuvieran algo en ellos, dijeron:

–Aquí está el pantalón, aquí la chaqueta, aquí la capa. Traje ligero como una tela de araña. No tema que le pese en el cuerpo. Ahí reside la principal ventaja de esta tela.

–Es verdad –contestaron los edecanes, que nada veían puesto que nada había.

The emperor and all his barons then came to the hall; the swindlers held their arms up as if they held something in their hands and said: "These are the trousers!" "This is the coat!" and "Here is the cloak!" and so on. "They are all as light as a cobweb, and one must feel as if one had nothing at all upon the body; but that is just the beauty of them." "Indeed!" said all the courtiers; but they could not see anything, for there was nothing to be seen.

–Si Vuestra Alteza tiene la bondad de desnudarse, probaremos el traje ante el gran espejo.

El emperador se sacó la ropa y los bribones hicieron como si le fueran pasando una a una las nuevas prendas. Finalmente le sujetaron la larga capa que dos nobles cortesanos debían sostener.

Él se volvió hacia el espejo y se miró de un lado y del otro.

–¡Por Dios! ¡Qué bien le queda! ¡Qué hechura más elegante! – exclamaron al mismo tiempo todos los cortesanos.

–¡Qué diseño! ¡Qué colores! ¡Qué traje tan magnífico!

El gran maestro de ceremonia entró.

–El palio de Vuestra Alteza espera en la puerta para ir al desfile.

"Does it please your Majesty now to graciously undress," said the swindlers, "that we may assist your Majesty in putting on the new suit before the large looking-glass?" The emperor undressed, and the swindlers pretended to put the new suit upon him, one piece after another; and the emperor looked at himself in the glass from every side. "How well they look! How well they fit!" said all. "What a beautiful pattern! What fine colours! That is a magnificent suit of clothes!" The master of the ceremonies announced that the bearers of the canopy, which was to be carried in the procession, were ready.

–¡Bien! Estoy listo –contestó el emperador–. Creo que el traje no me sienta demasiado mal.

Volvió a mirarse en el espejo para gozar con su esplendor. Los chambelanes encargados de llevar la cola hicieron como que levantaban algo del suelo y lo alzaron entre las manos, sin querer admitir que no veían absolutamente nada.

"I am ready," said the emperor. "Does not my suit fit me marvellously?" Then he turned once more to the looking-glass, that people should think he admired his garments. The chamberlains, who were to carry the train, stretched their hands to the ground as if they lifted up a train, and pretended to hold something in their hands; they did not like people to know that they could not see anything.

El emperador marchaba ufano por el desfile bajo su magnífico palio. Toda la gente de la cuidad había salido a la calle o lo miraba por los balcones y ventanas. Y decían:

–¡Qué traje más regio! ¡Qué cola tan adorable! ¡Qué caída perfecta!

Nadie reconocía la verdad, temiendo ser tildado de tonto o de incapaz para desempeñarse en su empleo. Nunca traje alguno del emperador alcanzó tales niveles de admiración.

The emperor marched in the procession under the beautiful canopy, and all who saw him in the street and out of the windows exclaimed: "Indeed, the emperor's new suit is incomparable! What a long train he has! How well it fits him!" Nobody wished to let others know he saw nothing, for then he would have been unfit for his office or too stupid. Never emperor's clothes were more admired.

–Me parece que va sin ropa –observó un niñito.

–¡Señor, es la voz de la inocencia! –lo excusó el padre.

Pero pronto se elevaron murmullos repitiendo las palabras del niño.

–¡Un niñito dijo que el emperador no llevaba ninguna ropa!

–¡No lleva ropa! –gritó por fin el pueblo.

El emperador se sintió extremadamente mortificado, pues creía que estaban en lo cierto. Pero tras una reflexión, decidió lo siguiente:

–Pase lo que pase, ¡debo permanecer así hasta el final!

Se irguió con más orgullo aún y sus chambelanes siguieron llevándole la cola que no existía.

FIN

"But he has nothing on at all," said a little child at last. "Good heavens! listen to the voice of an innocent child," said the father, and one whispered to the other what the child had said. "But he has nothing on at all," cried at last the whole people. That made a deep impression upon the emperor, for it seemed to him that they were right; but he thought to himself, "Now I must bear up to the end." And the chamberlains walked with still greater dignity, as if they carried the train which did not exist.

THE END

EL SOLDADITO DE PLOMO
THE BRAVE TIN SOLDIER

Hans Christian Andersen

Había una vez veinticinco soldaditos de plomo, hermanos todos, ya que los habían fundido en la misma vieja cuchara. Fusil al hombro y la mirada al frente, así era como estaban, con sus espléndidas guerreras rojas y sus pantalones azules. Lo primero que oyeron en su vida, cuando se levantó la tapa de la caja en que venían, fue: "¡Soldaditos de plomo!" Había sido un niño pequeño quien gritó esto, batiendo palmas, pues eran su regalo de cumpleaños. Enseguida los puso en fila sobre la mesa. Cada soldadito era la viva imagen de los otros, con excepción de uno que mostraba una pequeña diferencia. Tenía una sola pierna, pues al fundirlos, había sido el último y el plomo no alcanzó para terminarlo. Así y todo, allí estaba él, tan firme sobre su única pierna como los otros sobre las dos. Y es de este soldadito de quien vamos a contar la historia.

THERE were once five-and-twenty tin soldiers, who were all brothers, for they had been made out of the same old tin spoon. They shouldered arms and looked straight before them, and wore a splendid uniform, red and blue. The first thing in the world they ever heard were the words, "Tin soldiers!" uttered by a little boy, who clapped his hands with delight when the lid of the box, in which they lay, was taken off. They were given him for a birthday present, and he stood at the table to set them up. The soldiers were all exactly alike, excepting one, who had only one leg; he had been left to the last, and then there was not enough of the melted tin to finish him, so they made him to stand firmly on one leg, and this caused him to be very remarkable.

En la mesa donde el niño los acababa de alinear había otros muchos juguetes, pero el que más interés despertaba era un espléndido castillo de papel. Por sus diminutas ventanas podían verse los salones que tenía en su interior. Al frente había unos arbolitos que rodeaban un pequeño espejo. Este espejo hacía las veces de lago, en el que se reflejaban, nadando, unos blancos cisnes de cera. El conjunto resultaba muy hermoso, pero lo más bonito de todo era una damisela que estaba de pie a la puerta del castillo. Ella también estaba hecha de papel, vestida con un vestido de clara y vaporosa muselina, con una estrecha cinta

azul anudada sobre el hombro, a manera de banda, en la que lucía una brillante lentejuela tan grande como su cara. La damisela tenía los dos brazos en alto, pues han de saber ustedes que era bailarina, y había alzado tanto una de sus piernas que el soldadito de plomo no podía ver dónde estaba, y creyó que, como él, sólo tenía una.

The table on which the tin soldiers stood, was covered with other playthings, but the most attractive to the eye was a pretty little paper castle. Through the small windows the rooms could be seen. In front of the castle a number of little trees surrounded a piece of looking-glass, which was intended to represent a transparent lake. Swans, made of wax, swam on the lake, and were reflected in it. All this was very pretty, but the prettiest of all was a tiny little lady, who stood at the open door of the castle; she, also, was made of paper, and she wore a dress of clear muslin, with a narrow blue ribbon over her shoulders just like a scarf. In front of these was fixed a glittering tinsel rose, as large as her whole face. The little lady was a dancer, and she stretched out both her arms, and raised one of her legs so high, that the tin soldier could not see it at all, and he thought that she, like himself, had only one leg.

"Ésta es la mujer que me conviene para esposa", se dijo. "¡Pero qué fina es; si hasta vive en un castillo! Yo, en cambio, sólo tengo una caja de cartón en la que ya habitamos veinticinco: no es un lugar propio para ella. De todos modos, pase lo que pase trataré de conocerla."

Y se acostó cuan largo era detrás de una caja de tabaco que estaba sobre la mesa. Desde allí podía mirar a la elegante damisela, que seguía parada sobre una sola pierna sin perder el equilibrio.

"That is the wife for me," he thought; "but she is too grand, and lives in a castle, while I have only a box to live in, five-and-twenty of us altogether, that is no place for her. Still I must try and make her acquaintance."

Then he laid himself at full length on the table behind a snuff-box that stood upon it, so that he could peep at the little delicate lady, who continued to stand on one leg without losing her balance.

Ya avanzada la noche, a los otros soldaditos de plomo los recogieron en su caja y toda la gente de la casa se fue a dormir. A esa hora, los juguetes comenzaron sus juegos, recibiendo visitas, peleándose y bailando. Los soldaditos de plomo, que también querían participar de aquel alboroto, se esforzaron ruidosamente dentro de su caja,

pero no consiguieron levantar la tapa. Los cascanueces daban saltos mortales, y la tiza se divertía escribiendo bromas en la pizarra. Tanto ruido hicieron los juguetes, que el canario se despertó y contribuyó al escándalo con unos trinos en verso. Los únicos que ni pestañearon siquiera fueron el soldadito de plomo y la bailarina. Ella permanecía erguida sobre la punta del pie, con los dos brazos al aire; él no estaba menos firme sobre su única pierna, y sin apartar un solo instante de ella sus ojos.

When evening came, the other tin soldiers were all placed in the box, and the people of the house went to bed. Then the playthings began to have their own games together, to pay visits, to have sham fights, and to give balls. The tin soldiers rattled in their box; they wanted to get out and join the amusements, but they could not open the lid. The nut-crackers played at leap-frog, and the pencil jumped about the table. There was such a noise that the canary woke up and began to talk, and in poetry too. Only the tin soldier and the dancer remained in their places. She stood on tiptoe, with her legs stretched out, as firmly as he did on his one leg. He never took his eyes from her for even a moment.

De pronto el reloj dio las doce campanadas de la medianoche y -¡crac!- se abrió la tapa de la caja de rapé... Más, ¿creen ustedes que contenía tabaco? No, lo que allí había era un duende negro, algo así como un muñeco de resorte.

-¡Soldadito de plomo! -gritó el duende-. ¿Quieres hacerme el favor de no mirar más a la bailarina?

Pero el soldadito se hizo el sordo.

-Está bien, espera a mañana y verás -dijo el duende negro.

The clock struck twelve, and, with a bounce, up sprang the lid of the snuff-box; but, instead of snuff, there jumped up a little black goblin; for the snuff-box was a toy puzzle.

"Tin soldier," said the goblin, "don't wish for what does not belong to you."

But the tin soldier pretended not to hear.

"Very well; wait till to-morrow, then," said the goblin.

Al otro día, cuando los niños se levantaron, alguien puso al soldadito de plomo en la ventana; y ya fuese obra del duende o de la corriente de aire, la ventana se abrió de repente y el soldadito se precipitó de cabeza

desde el tercer piso. Fue una caída terrible. Quedó con su única pierna en alto, descansando sobre el casco y con la bayoneta clavada entre dos adoquines de la calle.

La sirvienta y el niño bajaron apresuradamente a buscarlo; pero aun cuando faltó poco para que lo aplastasen, no pudieron encontrarlo. Si el soldadito hubiera gritado: "¡Aquí estoy!", lo habrían visto. Pero él creyó que no estaba bien dar gritos, porque vestía uniforme militar.

When the children came in the next morning, they placed the tin soldier in the window. Now, whether it was the goblin who did it, or the draught, is not known, but the window flew open, and out fell the tin soldier, heels overhead, from the third story, into the street beneath. It was a terrible fall; for he came head downwards, his helmet and his bayonet stuck in between the flagstones, and his one leg up in the air. The servant maid and the little boy went down stairs directly to look for him; but he was nowhere to be seen, although once they nearly trod upon him. If he had called out, "Here I am," it would have been all right, but he was too proud to cry out for help while he wore a uniform.

Luego empezó a llover, cada vez más y más fuerte, hasta que la lluvia se convirtió en un aguacero torrencial. Cuando escampó, pasaron dos muchachos por la calle.

-¡Qué suerte! -exclamó uno-. ¡Aquí hay un soldadito de plomo! Vamos a hacerlo navegar.

Presently it began to rain, and the drops fell faster and faster, till there was a heavy shower. When it was over, two boys happened to pass by, and one of them said, "Look, there is a tin soldier. He ought to have a boat to sail in."

Y construyendo un barco con un periódico, colocaron al soldadito en el centro, y allá se fue por el agua de la cuneta abajo, mientras los dos muchachos corrían a su lado dando palmadas. ¡Santo cielo, cómo se arremolinaban las olas en la cuneta y qué corriente tan fuerte había! Bueno, después de todo ya le había caído un buen remojón. El barquito de papel saltaba arriba y abajo y, a veces, giraba con tanta rapidez que el soldadito sentía vértigos. Pero continuaba firme y sin mover un músculo, mirando hacia adelante, siempre con el fusil al hombro.

De buenas a primeras el barquichuelo se adentró por una ancha alcantarilla, tan oscura como su propia caja de cartón.

So they made a boat out of a newspaper, and placed the tin soldier in it, and sent him sailing down the gutter, while the two boys ran by the side of it, and clapped their hands. Good gracious, what large waves arose in that gutter! and how fast the stream rolled on! for the rain had been very heavy. The paper boat rocked up and down, and turned itself round sometimes so quickly that the tin soldier trembled; yet he remained firm; his countenance did not change; he looked straight before him, and shouldered his musket. Suddenly the boat shot under a bridge which formed a part of a drain, and then it was as dark as the tin soldier's box.

"Me gustaría saber adónde iré a parar", pensó. "Apostaría a que el duende tiene la culpa. Si al menos la pequeña bailarina estuviera aquí en el bote conmigo, no me importaría que esto fuese dos veces más oscuro."

Precisamente en ese momento apareció una enorme rata que vivía en el túnel de la alcantarilla.

-¿Dónde está tu pasaporte? -preguntó la rata-. ¡A ver, enséñame tu pasaporte!

Pero el soldadito de plomo no respondió una palabra, sino que apretó su fusil con más fuerza que nunca. El barco se precipitó adelante, perseguido de cerca por la rata. ¡Ah! Había que ver cómo rechinaba los dientes y cómo les gritaba a las estaquitas y pajas que pasaban por allí.

-¡Deténgalo! ¡Deténgalo! ¡No ha pagado el peaje! ¡No ha enseñado el pasaporte!

"Where am I going now?" thought he. "This is the black goblin's fault, I am sure. Ah, well, if the little lady were only here with me in the boat, I should not care for any darkness."

Suddenly there appeared a great water-rat, who lived in the drain.

"Have you a passport?" asked the rat, "give it to me at once." But the tin soldier remained silent and held his musket tighter than ever. The boat sailed on and the rat followed it. How he did gnash his teeth and cry out to the bits of wood and straw, "Stop him, stop him; he has not paid toll, and has not shown his pass."

La corriente se hacía más fuerte y más fuerte y el soldadito de plomo podía ya percibir la luz del día allá, en el sitio donde acababa el túnel. Pero a la vez escuchó un sonido atronador, capaz de desanimar al

más valiente de los hombres. ¡Imagínense ustedes! Justamente donde terminaba la alcantarilla, el agua se precipitaba en un inmenso canal. Aquello era tan peligroso para el soldadito de plomo como para nosotros el arriesgarnos en un bote por una gigantesca catarata.

But the stream rushed on stronger and stronger. The tin soldier could already see daylight shining where the arch ended. Then he heard a roaring sound quite terrible enough to frighten the bravest man. At the end of the tunnel, the drain fell into a large canal over a steep place, which made it as dangerous for him as a waterfall would be to us.

Por entonces estaba ya tan cerca, que no logró detenerse, y el barco se abalanzó al canal. El pobre soldadito de plomo se mantuvo tan derecho como pudo; nadie diría nunca de él que había pestañeado siquiera. El barco dio dos o tres vueltas y se llenó de agua hasta los bordes; se hallaba a punto de zozobrar. El soldadito tenía ya el agua al cuello; el barquito se hundía más y más; el papel, de tan empapado, comenzaba a deshacerse. El agua se iba cerrando sobre la cabeza del soldadito de plomo… Y éste pensó en la linda bailarina, a la que no vería más, y una antigua canción resonó en sus oídos:

¡Adelante, guerrero valiente!

¡Adelante, te aguarda la muerte!

He was too close to it to stop, so the boat rushed on, and the poor tin soldier could only hold himself as stiffly as possible, without moving an eyelid, to show that he was not afraid. The boat whirled round three or four times, and then filled with water to the very edge; nothing could save it from sinking. He now stood up to his neck in water, while deeper and deeper sank the boat, and the paper became soft and loose with the wet, till at last the water closed over the soldier's head. He thought of the elegant little dancer whom he should never see again, and the words of the song sounded in his ears–"Farewell, warrior! ever brave, Drifting onward to thy grave."

En ese momento el papel acabó de deshacerse en pedazos y el soldadito se hundió, sólo para que al instante un gran pez se lo tragara. ¡Oh, y qué oscuridad había allí dentro! Era peor aún que el túnel, y terriblemente incómodo por lo estrecho. Pero el soldadito de plomo se mantuvo firme, siempre con su fusil al hombro, aunque estaba tendido cuan largo era.

Súbitamente el pez se agitó, haciendo las más extrañas contorsiones y dando unas vueltas terribles. Por fin quedó inmóvil. Al poco rato, un

haz de luz que parecía un relámpago lo atravesó todo; brilló de nuevo la luz del día y se oyó que alguien gritaba:

-¡Un soldadito de plomo!

Then the paper boat fell to pieces, and the soldier sank into the water and immediately afterwards was swallowed up by a great fish. Oh how dark it was inside the fish! A great deal darker than in the tunnel, and narrower too, but the tin soldier continued firm, and lay at full length shouldering his musket. The fish swam to and fro, making the most wonderful movements, but at last he became quite still. After a while, a flash of lightning seemed to pass through him, and then the daylight approached, and a voice cried out, "I declare here is the tin soldier."

El pez había sido pescado, llevado al mercado y vendido, y se encontraba ahora en la cocina, donde la sirvienta lo había abierto con un cuchillo. Cogió con dos dedos al soldadito por la cintura y lo condujo a la sala, donde todo el mundo quería ver a aquel hombre extraordinario que se dedicaba a viajar dentro de un pez. Pero el soldadito no le daba la menor importancia a todo aquello.

The fish had been caught, taken to the market and sold to the cook, who took him into the kitchen and cut him open with a large knife. She picked up the soldier and held him by the waist between her finger and thumb, and carried him into the room. They were all anxious to see this wonderful soldier who had travelled about inside a fish; but he was not at all proud.

Lo colocaron sobre la mesa y allí... en fin, ¡cuántas cosas maravillosas pueden ocurrir en esta vida! El soldadito de plomo se encontró en el mismo salón donde había estado antes. Allí estaban todos: los mismos niños, los mismos juguetes sobre la mesa y el mismo hermoso castillo con la linda y pequeña bailarina, que permanecía aún sobre una sola pierna y mantenía la otra extendida, muy alto, en los aires, pues ella había sido tan firme como él. Esto conmovió tanto al soldadito, que estuvo a punto de llorar lágrimas de plomo, pero no lo hizo porque no habría estado bien que un soldado llorase. La contempló y ella le devolvió la mirada; pero ninguno dijo una palabra.

They placed him on the table, and–how many curious things do happen in the world!–there he was in the very same room from the window of which he had fallen, there were the same children, the same playthings, standing on the table, and the pretty castle with the elegant little dancer at the door;

she still balanced herself on one leg, and held up the other, so she was as firm as himself. It touched the tin soldier so much to see her that he almost wept tin tears, but he kept them back. He only looked at her and they both remained silent.

De pronto, uno de los niños agarró al soldadito de plomo y lo arrojó de cabeza a la chimenea. No tuvo motivo alguno para hacerlo; era, por supuesto, aquel muñeco de resorte el que lo había movido a ello.

El soldadito se halló en medio de intensos resplandores. Sintió un calor terrible, aunque no supo si era a causa del fuego o del amor. Había perdido todos sus brillantes colores, sin que nadie pudiese afirmar si a consecuencia del viaje o de sus sufrimientos. Miró a la bailarina, lo miró ella, y el soldadito sintió que se derretía, pero continuó impávido con su fusil al hombro. Se abrió una puerta y la corriente de aire se apoderó de la bailarina, que voló como una sílfide hasta la chimenea y fue a caer junto al soldadito de plomo, donde ardió en una repentina llamarada y desapareció. Poco después el soldadito se acabó de derretir. Cuando a la mañana siguiente la sirvienta removió las cenizas lo encontró en forma de un pequeño corazón de plomo; pero de la bailarina no había quedado sino su lentejuela, y ésta era ahora negra como el carbón.

FIN

Presently one of the little boys took up the tin soldier, and threw him into the stove. He had no reason for doing so, therefore it must have been the fault of the black goblin who lived in the snuff-box. The flames lighted up the tin soldier, as he stood, the heat was very terrible, but whether it proceeded from the real fire or from the fire of love he could not tell. Then he could see that the bright colors were faded from his uniform, but whether they had been washed off during his journey or from the effects of his sorrow, no one could say. He looked at the little lady, and she looked at him. He felt himself melting away, but he still remained firm with his gun on his shoulder. Suddenly the door of the room flew open and the draught of air caught up the little dancer, she fluttered like a sylph right into the stove by the side of the tin soldier, and was instantly in flames and was gone. The tin soldier melted down into a lump, and the next morning, when the maid servant took the ashes out of the stove, she found him in the shape of a little tin heart. But of the little dancer nothing remained but the tinsel rose, which was burnt black as a cinder.

THE END

CAPERUCITA ROJA
LITTLE RED RIDING HOOD

Jacob Ludwig Grimm and Wilhelm Carl Grimm

Había una vez una dulce niña, a la que todo el mundo le gustaba, pero sobre todo la adoraba su abuela, una vez con sus propias manos le tejió una caperuza de terciopelo rojo. Debido a que le iba muy bien, y que ella se la ponía todo el tiempo, llegó a ser conocida como Caperucita Roja.

THERE WAS once a sweet little maid, much beloved by everybody, but most of all by her grandmother, who never knew how to make enough of her. Once she sent her a little riding hood of red velvet, and as it was very becoming to her, and she never wore anything else, people called her Little Red Riding Hood.

Un día, su madre le dijo: "Ven, Caperucita Roja, aquí tienes un pedazo de bizcocho y una botella de vino, llévaselos a tu abuela, ella está enferma y débil, y le harán bien. Salúdala de mi parte, ten mucho cuidado por el camino y nunca salgas de él, podrías lastimarte o lastimar la cesta con la comida para tu abuela.

One day her mother said to her, "Come, Little Red Riding Hood, here are some cakes and a flask of wine for you to take to grandmother; she is weak and ill, and they will do her good. Make haste and start before it grows hot, and walk properly and nicely, and don't run, or you might fall and break the flask of wine, and there would be none left for grandmother. And when you go into her room, don't forget to say good morning, instead of staring about you." "I will be sure to take care," said Little Red Riding Hood to her mother, and gave her hand upon it.

Caperucita Roja prometió obedecer a su madre. La abuela vivía al otro lado del bosque, a media hora del pueblo. Cuando Caperucita Roja entró en el bosque un lobo empezó a seguirla y observarla desde la espesura, y cuando ya estaba en la mitad del bosque, salto al camino y empezó a preguntarle cosas, ella era una niña muy inocente y buena, y no sabía qué aquel animal tan perverso era malvado, y no le tenía miedo.

Now the grandmother lived away in the wood, half an hour's walk from the village; and when Little Red Riding Hood had reached the wood, she met the wolf; but as she did not know what a bad sort of animal he was, she did not feel frightened.

-Buenos días, Caperucita Roja

-Buenos días, lobo.

-¿Adónde vas tan temprano, Caperucita Roja?

-A visitar a mi abuela.

-¿Y qué llevas debajo de tu delantal?

Mi abuela está enferma y débil, y le estoy llevando un poco de pastel y vino, que pensamos que deben darle fuerzas".

"Caperucita Roja, ¿dónde vive tu abuela?"

"Su casa está al salir del bosque, siguiendo este camino, está a las afueras del pueblo, debajo de los tres robles grandes, tiene un seto de avellanos, debes conocer el lugar", dijo Caperucita Roja.

"Good day, Little Red Riding Hood," said he. "Thank you kindly, wolf," answered she. "Where are you going so early, Little Red Riding Hood?" "To my grandmother's." "What are you carrying under your apron?" "Cakes and wine; we baked yesterday; and my grandmother is very weak and ill, so they will do her good, and strengthen her." "Where does your grandmother live, Little Red Riding Hood?" "A quarter of an hour's walk from here; her house stands beneath the three oak trees, and you may know it by the hazel bushes," said Little Red Riding Hood.

El lobo pensó para sí mismo, "Que dos buenos bocado para llevarse a la boca, ¿cómo podré atraparlas?

Entonces él dijo:

"Escucha, Caperucita Roja, ¿no has visto las hermosas flores que están floreciendo en el bosque? ¿Por qué no vas a echar un vistazo y también podrás oír lo bien que cantan los pajaritos, seguro que podrás disfrutar de todas las cosas bonitas que tiene el bosque ".

The wolf thought to himself, "That tender young thing would be a delicious morsel, and would taste better than the old one; I must manage somehow to get both of them." Then he walked by Little Red Riding Hood a little while, and said, "Little Red Riding Hood, just look at the pretty flowers that are growing all round you; and I don't think you are listening to the song of the birds; you are posting along just as if you were going to school, and it is so delightful out here in the wood."

Caperucita Roja abrió los ojos y vio la luz del sol rompiendo entre los árboles y cómo el suelo estaba cubierto de hermosas flores. Ella pensó: "Voy a recoger un bonito ramo de flores para mi abuela, se pondrá muy contenta. De todos modos, todavía es temprano, y voy a llegar a su casa en un momento." Y corrió hacia el bosque buscando flores. Cada vez que encontraba una bonita flor, veía otra aún más bonita, y corría tras ella, alejándose más y más del camino.

Little Red Riding Hood glanced round her, and when she saw the sunbeams darting here and there through the trees, and lovely flowers everywhere, she thought to herself, "If I were to take a fresh nosegay to my grandmother she would be very pleased, and it is so early in the day that I shall reach her in plenty of time"; and so she ran about in the wood, looking for flowers. And as she picked one she saw a still prettier one a little farther off, and so she went farther and farther into the wood.

Mientras tanto, el lobo corrió directamente a la casa de la abuela y llamó a la puerta, TOC, TOC, TOC.

"¿Quién está ahí?"

"Caperucita Roja. Te traigo un poco de pastel y vino, abre la puerta."

"Sólo levanta el pestillo", gritó la abuela. "Estoy demasiado débil para levantarme".

El lobo presionó el pestillo, y la puerta se abrió. Entró, fue directamente a la cama de la abuela y se la comió. Luego se puso el camisón de la abuela, y el gorro, y después de cerrar las cortinas, se metió en la cama.

But the wolf went straight to the grandmother's house and knocked at the door. "Who is there?" cried the grandmother. "Little Red Riding Hood," he answered, "and I have brought you some cake and wine. Please open the door." "Lift the latch," cried the grandmother; "I am too feeble to get up." So the wolf lifted the latch, and the door flew open, and he fell on the grandmother and ate her up without saying one word. Then he drew on her clothes, put on her cap, lay down in her bed, and drew the curtains.

Caperucita Roja había estado recogiendo flores, hasta tener un precioso ramo para regalar a su abuela. Cuando llegó, encontró, para

su sorpresa, que la puerta estaba abierta. Entró, y todo parecía tan extraño que pensó: "¡Oh, Dios mío!, ¿por qué tengo tanto miedo?, por lo general me gusta la casa de mi abuela". Luego fue hacia la cama y retiró las cortinas. La abuela estaba tapada con las sabanas, con la gorra puesta sobre la cara y a ella le parecía muy extraña.

Little Red Riding Hood was all this time running about among the flowers, and when she had gathered as many as she could hold, she remembered her grandmother, and set off to go to her. She was surprised to find the door standing open, and when she came inside she felt very strange, and thought to herself, "Oh dear, how uncomfortable I feel, and I was so glad this morning to go to my grandmother!" And when she said, "Good morning," there was no answer. Then she went up to the bed and drew back the curtains; there lay the grandmother with her cap pulled over her eyes, so that she looked very odd.

-¡Oh, abuela, qué orejas más grandes tienes!

"Para escucharte mejor."

-¡Oh, abuela, qué ojos tan grandes tienes!

"Para verte mejor."

-¡Oh, abuela, qué manos más grandes tienes!

-¡Para cogerte mejor!

-¡Oh, abuela, qué boca tan grande tienes!

-¡Para comerte mejor! Y salto de la cama, sobre Caperucita Roja y se la comió. Tan pronto como el lobo terminó este sabroso bocado, volvió a la cama, se durmió y empezó a roncar muy fuerte.

"O grandmother, what large ears you have!" "The better to hear with." "O grandmother, what great eyes you have!" "The better to see with." "O grandmother, what large hands you have!" "The better to take hold of you with." "But, grandmother, what a terrible large mouth you have!" "The better to devour you!" And no sooner had the wolf said it than he made one bound from the bed, and swallowed up poor Little Red Riding Hood.

Then the wolf, having satisfied his hunger, lay down again in the bed, went to sleep, and began to snore loudly.

Un cazador que pasó cerca de la casa. Pensó que era raro que la vieja roncaba tan fuerte, por lo que decidió echar un vistazo. Entró y en la cama estaba el lobo que el cazador había estado buscando por el bosque durante tanto tiempo. "Él cazador pudo darse cuenta que el lobo acababa de comerse un gran bocado, y pensó que sería la abuela, y pensó que aún podría salvarla. No le dispararé", así que tomó unas tijeras y abrió el vientre del lobo.

Había cortado solo una pequeña parte de la barriga del lobo, cuando ya pudo ver como brillaba el gorro de Caperucita Roja, cortó un poco más y la muchacha saltó y gritó: -¡Oh, estaba tan asustada, estaba tan oscuro dentro de la barriga del lobo!

Y entonces la abuela salió con vida también. Entonces Caperucita Roja buscó algunas grandes piedras pesadas. Llenaron el cuerpo del lobo con ellas, y cuando se despertó y trató de huir, las piedras eran tan pesadas que cayó muerto.

The huntsman heard him as he was passing by the house, and thought, "How the old woman snores- I had better see if there is anything the matter with her." Then he went into the room, and walked up to the bed, and saw the wolf lying there. "At last I find you, you old sinner!" said he; "I have been looking for you a long time." And he made up his mind that the wolf had swallowed the grandmother whole, and that she might yet be saved. So he did not fire, but took a pair of shears and began to slit up the wolf's body. When he made a few snips Little Red Riding Hood appeared, and after a few more snips she jumped out and cried, "Oh dear, how frightened I have been! It is so dark inside the wolf." And then out came the old grandmother, still living and breathing. But Little Red Riding Hood went and quickly fetched some large stones, with which she filled the wolf's body, so that when he waked up, and was going to rush away, the stones were so heavy that he sank down and fell dead.

Los tres estaban contentos. El cazador cogió la piel del lobo. La abuela se comió el pastel y bebió el vino que Caperucita Roja había traído. Y Caperucita Roja pensó para sí misma: "Mientras viva, nunca abandonaré el camino y nunca hablaré con extraños."

They were all three very pleased. The huntsman took off the wolf's skin, and carried it home. The grandmother ate the cakes, and drank the wine, and held up her head again, and Little Red Riding Hood said to herself that she would never more stray about in the wood alone, but would mind what her mother told her.

También cuenta que en otra ocasión cuando Caperucita Roja le llevaba otros alimentos a su abuela, se encontró con otro lobo, que también le dijo que se desviara del camino, pero Caperucita Roja no le hizo caso, y se fue rápidamente a casa de su abuela, y se lo contó todo. Y las dos se prepararon por si el lobo las visitaba.

It must also be related how a few days afterwards, when Little Red Riding Hood was again taking cakes to her grandmother, another wolf spoke to her, and wanted to tempt her to leave the path; but she was on her guard, and went straight on her way, and told her grandmother how that the wolf had met her, and wished her good day, but had looked so wicked about the eyes that she thought if it had not been on the high road he would have devoured her.

-Ven -dijo la abuela-. Cerremos la puerta para que no pueda entrar.

Poco después, el lobo llamó a la puerta y gritó: -Abre, abuela, soy Caperucita Roja, y te traigo cosas muy buenas que ha preparado mi mamá.

Permanecieron en silencio y no abrieron la puerta. El feroz lobo dio varias vueltas a la casa, pero como no pudo entrar por ninguna puerta ni ventana, dio un salto y se escondió sobre el tejado, intentaba esperar a que Caperucita Roja saliera de la casa en dirección al bosque, y atacarla por el camino.

"Come," said the grandmother, "we will shut the door, so that he may not get in." Soon after came the wolf knocking at the door, and calling out, "Open the door, grandmother, I am Little Red Riding Hood, bringing you cakes." But they remained still, and did not open the door. After that the wolf slunk by the house, and got at last upon the roof to wait until Little Red Riding Hood should return home in the evening; then he meant to spring down upon her, and devour her in the darkness.

-Trae una olla, Caperucita Roja -dijo-. "Ayer cociné salchichas, llenó la gran olla con agua y unas cuantas salchichas, y las puso a hervir. El olor de las salchichas llegó hasta el buen olfato del lobo, que intentó descender por la chimenea, pero no puedo sujetarse y calló dentro de la gran olla que tenía agua hirviendo, y allí murió al instante. Y Caperucita Roja y su abuela pudieron vivir felices y tranquilas desde ese momento.

FIN

But the grandmother discovered his plot. Now there stood before the house a great stone trough, and the grandmother said to the child, "Little Red Riding Hood, I was boiling sausages yesterday, so take the bucket, and carry away the water they were boiled in, and pour it into the trough." And Little Red Riding Hood did so until the great trough was quite full. When the smell of the sausages reached the nose of the wolf he snuffed it up, and looked round, and stretched out his neck so far that he lost his balance and began to slip, and he slipped down off the roof straight into the great trough, and was drowned.

Then Little Red Riding Hood went cheerfully home, and came to no harm.

THE END

EL GATO CON BOTAS
PUSS IN BOOTS

Charles Perrault

Había un molinero que, al morir, dejó a sus tres hijos como única herencia su molino, su burro y su gato. El reparto fue simple y no fue necesario llamar ni al abogado ni al notario, que habrían consumido todo el pobre patrimonio.

El mayor recibió el molino y el segundo se quedó con el burro; el hermano menor, a quien tocó sólo el gato, se lamentaba de su mísera herencia:

—Mis hermanos —decía— podrán ganarse la vida convenientemente trabajando juntos. Pero lo que es yo, después de comerme a mi gato y de hacerme un par de guantes con su piel, me moriré de hambre sin remedio.

There was a miller, who left no more estate to the three sons he had, than his Mill, his Ass, and his Cat. The partition was soon made. Neither the scrivener nor attorney were sent for. They would soon have eaten up all the poor patrimony. The eldest had the Mill, the second the Ass, and the youngest nothing but the Cat.

The poor young fellow was quite comfortless at having so poor a lot.

"My brothers," said he, "may get their living handsomely enough, by joining their stocks together; but for my part, when I have eaten up my Cat, and made me a muff of his skin, I must die with hunger."

El gato escuchaba estas palabras pero se hacía el desentendido. De pronto le dijo a su amo, en tono serio y pausado:

—No os aflijáis, mi señor. Tan sólo proporcionadme una bolsa y un par de botas para andar por entre los matorrales, y veréis que vuestra herencia no resulta tan pobre como ahora pensáis.

Aunque al oír esto el amo del gato no se hizo grandes ilusiones, lo había visto dar tantas muestras de agilidad y astucia para cazar ratas y ratones, como colgarse de los pies o esconderse en la harina haciéndose el muerto, que abrigó alguna esperanza de verse socorrido por él en su miseria.

The Cat, who heard all this, but made as if he did not, said to him with a grave and serious air:

"Do not thus afflict yourself, my good master; you have only to give me a bag, and get a pair of boots made for me, that I may scamper thro' the dirt and the brambles, and you shall see that you have not so bad a portion of me as you imagine."

Tho' the Cat's master did not build very much upon what he said, he had however often seen him play a great many cunning tricks to catch rats and mice; as when he used to hang by the heels, or hide himself in the meal, and make as if he were dead; so that he did not altogether despair of his affording him some help in his miserable condition.

Cuando el gato obtuvo lo que había pedido, se colocó las botas y se echó la bolsa al cuello, sujetándose los cordones de ésta con las dos patas delanteras. Luego se dirigió a un campo donde había muchos conejos. Puso afrecho y hierbas en su saco y, tendiéndose en el suelo como si estuviese muerto, aguardó a que algún conejo, poco versado aún en las trampas de este mundo, viniera a meter su hocico en la bolsa para comer lo que había dentro. Apenas se había recostado el gato cuando vio cumplido su plan, pues un atolondrado conejito se metió en el saco. Entonces, sin vacilar, el maestro gato, tirando de los cordones, lo encerró y lo mató sin misericordia.

When the Cat had what he asked for, he booted himself very gallantly; and putting his bag about his neck, he held the strings of it in his two fore paws, and went into a warren where was great abundance of rabbits. He put bran and sow-thistle into his bag, and stretching himself out at length, as if he had been dead, he waited for some young rabbit, not yet acquainted with the deceits of the world, to come and rummage his bag for what he had put into it.

Scarce was he lain down, but he had what he wanted; a rash and foolish young rabbit jumped into his bag, and Monsieur Puss, immediately drawing close the strings, took and killed him without pity.

Muy ufano con su presa, fuese donde el rey y pidió hablar con él. Lo hicieron subir a los aposentos de Su Majestad, donde al entrar hizo el gato una elegante reverencia ante el rey, y le dijo:

—He aquí, Majestad, un conejo de campo que mi señor, el Marqués de Carabás —había inventado ese nombre para su amo—, me ha encargado obsequiaros de su parte.

—Puedes decirle a tu amo —respondió el rey— que se lo agradezco y que su regalo me agrada mucho.

Proud of his prey, he went with it to the palace, and asked to speak with his Majesty. He was shewedup stairs into the King's apartment, and, making a low reverence, said to him:

"I have brought you, sir, a rabbit of the warren which my noble lord the Marquis of Carabas" (for that was the title which Puss was pleased to give his master) "has commanded me to present to your Majesty from him."

"Tell thy master," said the King, "that I thank him, and that he does me a great deal of pleasure."

En otra ocasión el gato se ocultó en un trigal, dejando como siempre su saco abierto; y cuando en él entraron dos perdices, tiró de los cordones y las cazó a ambas. Fue enseguida a ofrecerlas al rey, tal como había hecho con el conejo de campo. El rey recibió también con agrado las dos perdices, y ordenó que le diesen de beber al emisario del Marqués de Carabás.

Another time he went and hid himself among some standing corn, holding still his bag open; and when a brace of partridges ran into it, he drew the strings, and so caught them both. He went and made a present of these to the King, as he had done before of the rabbit which he took in the warren. The King in like manner received the partridges with great pleasure, and ordered him some money to drink.

El gato continuó así durante dos o tres meses, llevándole de vez en cuando al rey productos de caza de parte de su amo. Un día supo que el rey iría a pasear a orillas del río con su hija, de quien se decía que era la princesa más hermosa del mundo.

—Si queréis seguir mi consejo —dijo el gato a su amo—, vuestra fortuna está hecha. Sólo tenéis que bañaros en el río, en el sitio que yo os indicaré, y de lo demás me encargaré yo.

The Cat continued for two or three months, thus to carry his Majesty, from time to time, game of his master's taking. One day in particular, when he knew for certain that the King was to take the air, along the river side, with his daughter, the most beautiful Princess in the world, he said to his master:

"If you will follow my advice, your fortune is made; you have nothing else to do, but go and wash yourself in the river, in that part I shall show you, and leave the rest to me."

El supuesto Marqués de Carabás hizo lo que su gato le aconsejaba, sin imaginar de qué podría servirle aquello. Mientras se estaba bañando, pasó por ahí el rey, y en ese momento el gato se puso a gritar con todas sus fuerzas:

—¡Socorro, socorro! ¡El señor Marqués de Carabás se está ahogando!

The Marquis of Carabas did what the Cat advised him to, without knowing why or wherefore.

While he was washing, the King passed by, and the Cat began to cry out, as loud as he could:

"Help, help, my lord Marquis of Carabas is drowning."

Al oír los gritos, el rey asomó la cabeza por la portezuela de su carroza y, reconociendo al gato que tantas veces le había llevado sabrosas piezas de caza, ordenó a sus guardias que acudieran sin dilación a socorrer al Marqués de Carabás. Mientras sacaban del río al pobre hijo del molinero, el gato se acercó a la carroza y le explicó al rey que unos ladrones se habían llevado todas las ropas de su amo mientras éste se bañaba (el pícaro del gato las había escondido bajo una enorme piedra), y que de nada había servido que el Marqués y él mismo gritaran "¡al ladrón!" con toda la fuerza de sus pulmones.

El rey ordenó a los encargados de su guardarropa que sin demora fuesen al palacio en busca de las más bellas vestiduras para el señor Marqués de Carabás.

At this noise the King put his head out of his coach-window, and finding it was the Cat who had so often brought him such good game, he commanded his guards to run immediately to the assistance of his lordship the Marquis of Carabas.

While they were drawing the poor Marquis out of the river, the Cat came up to the coach, and told the King that while his master was washing, there came by some rogues, who went off with his clothes, tho' he had cried out "Thieves, thieves," several times, as loud as he could. This cunning Cat had hidden them under a great stone. The King immediately commanded the officers of his wardrobe to run and fetch one of his best suits for the lord Marquis of Carabas.

Luego el rey le hizo mil atenciones, y como el hermoso traje que le acababan de dar realzaba su figura, ya que el joven era apuesto y

bien formado, la hija del rey lo encontró muy de su agrado. Bastó que el Marqués de Carabás le dirigiera dos o tres miradas sumamente respetuosas, aunque disimuladamente tiernas, para que la muchacha se enamorara perdidamente de él.

El rey lo invitó a que subiera a su carroza y lo acompañara en el paseo. El gato, encantado al ver que su proyecto empezaba a dar resultado, se adelantó a la comitiva y, encontrando un poco más allá a unos campesinos que segaban un prado, les dijo:

—Buenos segadores, si no decís al rey que el prado que estáis segando pertenece al Marqués de Carabás, os haré picadillo como carne de budín.

The King received him with great kindness, and as the fine clothes he had given him extremely set off his good mien (for he was well made, and very handsome in his person), the King's daughter took a secret inclination to him, and the Marquis of Carabas had no sooner cast two or three respectful and somewhat tender glances, but she fell in love with him to distraction. The King would needs have him come into his coach, and take part of the airing. The Cat, quite overjoyed to see his project begin to succeed, marched on before, and meeting with some countrymen, who were mowing a meadow, he said to them:

"Good people, you who are mowing, if you do not tell the King, that the meadow you mow belongs to my lord Marquis of Carabas, you shall be chopped as small as mince-meat."

Por cierto que el rey preguntó a los segadores a quién pertenecía ese prado que estaban segando.

—Al señor Marqués de Carabás —dijeron a una sola voz, puesto que la amenaza del gato había surtido efecto.

—Tenéis aquí una hermosa heredad —dijo el rey al Marqués de Carabás.

—Veréis, Majestad, es una tierra que produce con abundancia todos los años.

The King did not fail asking of the mowers, to whom the meadow they were mowing belonged.

"To my lord Marquis of Carabas," answered they all together; for the Cat's threats had made them terribly afraid.

"Truly a fine estate," said the King to the Marquis of Carabas.

"You see, sir," said the Marquis, "this is a meadow which never fails to yield a plentiful harvest every year."

El maestro gato, que iba siempre delante, encontró luego a unos campesinos que cosechaban, y les dijo:

—Buena gente que estáis cosechando, si no decís que todos estos campos pertenecen al Marqués de Carabás, os haré picadillo como carne de budín.

Momentos después pasó por allí el rey, y quiso también saber a quién pertenecían los campos que veía.

—Son del señor Marqués de Carabás —contestaron los campesinos, y nuevamente el rey felicitó al Marqués.

The Master Cat, who still went on before, met with some reapers, and said to them:

"Good people, you who are reaping, if you do not tell the King that all this corn belongs to the Marquis of Carabas, you shall be chopped as small as mince-meat."

The King, who passed by a moment after, would needs know to whom all that corn, which he then saw, did belong. "To my lord Marquis of Carabas," replied the reapers; and the King again congratulated the Marquis.

El gato, que seguía delante de la carroza, iba diciendo siempre lo mismo a todos cuantos encontraba, de modo que luego el rey se mostraba verdaderamente asombrado ante las innumerables riquezas que poseía el señor Marqués de Carabás.

Finalmente el maestro gato llegó frente a un hermoso e imponente castillo. Su dueño era el ogro más rico y poderoso del que jamás se hubiera tenido noticia, pues todas las tierras por donde había pasado la comitiva real pertenecían, en realidad, a este castillo.

The Master Cat, who went always before, said the same words to all he met; and the King was astonished at the vast estates of my lord Marquis of Carabas.

Monsieur Puss came at last to a stately castle, the master of which was an Ogre, the richest had ever been known; for all the lands which the King had then gone over belonged to this castle.

El gato, que tuvo la precaución de informarse acerca de quién era este ogro y de ciertos prodigios que era capaz de hacer, solicitó hablar con él, diciendo que no había querido pasar tan cerca de su castillo sin tener el honor de hacerle una reverencia. El ogro lo recibió en la forma más cortés que puede hacerlo un ogro, y tras beber una copa de vino lo invitó a descansar.

—Me han asegurado —dijo de pronto el gato— que vos tenéis el don de convertiros en cualquier clase de animal. Que podéis, por ejemplo, transformaros en un león o en un elefante.

—Cierto es —respondió el ogro con brusquedad—, y para demostrarlo os haré ver cómo me convierto en león.

The Cat, who had taken care to inform himself who this Ogre was, and what he could do, asked to speak with him, saying, he could not pass so near his castle, without having the honour of paying his respects to him.

The Ogre received him as civilly as an Ogre could do, and made him sit down.

"I have been assured," said the Cat, "that you have the gift of being able to change yourself into all sorts of creatures you have a mind to; you can, for example, transform yourself into a lion, or elephant, and the like."

"This is true," answered the Ogre very briskly, "and to convince you, you shall see me now become a lion."

Tanto se asustó el gato al ver ante sus narices a un león melenudo y rugiente, que en un abrir y cerrar de ojos se trepó a las canaletas del techo, no sin riesgo a causa de las botas, que no eran lo más apropiado para andar por los tejados.

Un rato después, viendo que el ogro había recuperado su forma habitual, bajó y confesó a su anfitrión que había tenido realmente mucho miedo.

Puss was so sadly terrified at the sight of a lion so near him, that he immediately got into the gutter, not without abundance of trouble and danger, because of his boots, which were ill-suited for walking upon the tiles. A little while after, when Puss saw that the Ogre had resumed his natural form, he came down, and owned he had been very much frightened.

—Me han asegurado además —agregó el gato—, pero esto sí que no puedo creerlo, que vos tenéis asimismo el poder de transformaros en el más pequeño de los animales; por ejemplo, que podéis convertiros en un ratón. Os confieso que esto sí que me parece imposible.

—¿Imposible? —repuso el ogro—. Ya lo veréis.

Y al decir esto se transformó en un ratón que se lanzó a corretear por el piso.

"I have been moreover informed," said the Cat, "but I know not how to believe it, that you have also the power to take on you the shape of the smallest animals; for example, to change yourself into a rat or a mouse; but I must own to you, I take this to be impossible."

"Impossible?" cried the Ogre, "you shall see that presently," and at the same time changed into a mouse, and began to run about the floor.

Ni corto ni perezoso, el gato se le echó encima y de un solo bocado se lo tragó.

Entretanto el rey, que al pasar por esos parajes había visto el hermoso castillo del ogro, quiso entrar en él. Al oír el ruido del carruaje que atravesaba el puente levadizo, el gato corrió adelante y le dijo al rey:

—Vuestra Majestad sea bienvenida al castillo del señor Marqués de Carabás.

—¡Cómo, señor Marqués! —exclamó el rey—. ¡También este castillo os pertenece! Nada he visto más bello que este patio y todos estos majestuosos edificios que lo rodean. Hacedme el favor de mostrármeloporentro.

Puss no sooner perceived this, but he fell upon him, and ate him up.

Meanwhile the King, who saw, as he passed, this fine castle of the Ogre's, had a mind to go into it. Puss, who heard the noise of his Majesty's coach running over the drawbridge, ran out and said to the King:

"Your Majesty is welcome to this castle of my lord Marquis of Carabas."

"What! my lord Marquis?" cried the King, "and does this castle also belong to you? There can be nothing finer than this court, and all the stately buildings which surround it; let us go into it, if you please."

El Marqués ofreció su mano a la joven princesa y, siguiendo al rey que iba primero, entró con ella a una gran sala donde encontraron servida una magnífica cena. El ogro la había mandado preparar para unos amigos suyos que vendrían a visitarlo ese mismo día; éstos, sin

embargo, no se habían atrevido a entrar al saber que el soberano se encontraba allí.

The Marquis gave his hand to the Princess, and followed the King, who went up first. They passed into a spacious hall, where they found a magnificent collation which the Ogre had prepared for his friends, who were that very day to visit him, but dared not to enter knowing the King was there.

El rey, encantado con todas las buenas cualidades del señor Marqués de Carabás —al igual que su hija, quien ya estaba loca de amor por él—, y observando además los valiosos bienes que poseía, le dijo al joven, después de haber bebido cinco o seis copas:

—Sólo dependerá de vos, señor Marqués, que seáis mi yerno.

El Marqués, haciendo grandes reverencias, aceptó el honor que le hacía Su Majestad, y ese mismo día se desposó con la princesa. A su lado, el gato se convirtió en un gran señor, y si alguna vez volvió a correr tras las ratas no lo hizo sino como diversión.

FIN

His Majesty was perfectly charmed with the good qualities of my lord Marquis of Carabas, as was his daughter who was fallen violently in love with him; and seeing the vast estate he possessed, said to him, after having drank five or six glasses:

"It will be owing to yourself only, my lord Marquis, if you are not my son-in-law."

The Marquis making several low bows, accepted the honour which his Majesty conferred upon him, and forthwith, that very same day, married the Princess.

Puss became a great lord, and never ran after mice any more, but only for his diversion.

THE END

LOS TRES CERDITOS Y EL LOBO
THE THREE LITTLE PIGS

Joseph Jacobs

Había una vez tres cerditos que eran hermanos y se fueron por el mundo a conseguir fortuna. El más grande les dijo a sus hermanos que sería bueno que se pusieran a construir sus propias casas para estar protegidos. A los otros dos les pareció una buena idea, y se pusieron manos a la obra, cada uno construyó su casita.

Once upon a time there was an old mother pig who had three little pigs and not enough food to feed them. So when they were old enough, she sent them out into the world to seek their fortunes.

- La mía será de paja - dijo el más pequeño-, la paja es blanda y se puede sujetar con facilidad. Terminaré muy pronto y podré ir a jugar. El hermano mediano decidió que su casa sería de madera:

- Puedo encontrar un montón de madera por los alrededores - explicó a sus hermanos, - Construiré mi casa en un santiamén con todos estos troncos y me iré también a jugar.

The first little pig was very lazy. He didn't want to work at all and he built his house out of straw. The second little pig worked a little bit harder but he was somewhat lazy too and he built his house out of sticks. Then, they sang and danced and played together the rest of the day.

El tercer cerdito que era el más trabajador, decidió que lo mejor era construir una casa de ladrillos. Le tomaría casi un día terminarla, pero estaría más protegido del lobo. Incluso pensó en hacer una chimenea para azar las mazorcas de maíz que tanto le gustaban.

The third little pig worked hard all day and built his house with bricks. It was a sturdy house complete with a fine fireplace and chimney. It looked like it could withstand the strongest winds.

Cuando las tres casitas estuvieron terminadas, los cerditos cantaban y bailaban en la puerta, felices por haber acabado con el problema:

-¡Quién teme al Lobo Feroz, al Lobo, al Lobo!

- ¡Quién teme al Lobo Feroz, al Lobo Feroz! Detrás de un árbol grande apareció el lobo, rugiendo de hambre y gritando:

- Cerditos, ¡me los voy a comer!

The next day, a wolf happened to pass by the lane where the three little pigs lived; and he saw the straw house, and he smelled the pig inside. He thought the pig would make a mighty fine meal and his mouth began to water.

So he knocked on the door and said:

"Little pig! Little pig!

Let me in! Let me in!"

Cada uno se escondió en su casa, pensando que estaban a salvo, pero el Lobo Feroz se encaminó a la casita de paja del hermano pequeño y en la puerta aulló:

- ¡Cerdito, ábreme la puerta!

- No, no, no, no te voy a abrir. - Pues si no me abres... ¡Soplaré y soplaré y la casita derribaré! Y sopló con todas sus fuerzas, sopló y sopló y la casita de paja se vino abajo.

El cerdito pequeño corrió lo más rápido que pudo y entró en la casa de madera del hermano mediano.

But the little pig saw the wolf's big paws through the keyhole, so he answered back:

"No! No! No!

Not by the hairs on my chinny chin chin!"

Then the wolf showed his teeth and said:

"Then I'll huff

and I'll puff

and I'll blow your house down."

So he huffed and he puffed and he blew the house down! The wolf opened his jaws very wide and bit down as hard as he could, but the first little pig escaped and ran away to hide with the second little pig.

- ¡Quién teme al Lobo Feroz, al Lobo, al Lobo! - ¡Quién teme al Lobo Feroz, al Lobo Feroz! - cantaban desde dentro los cerditos.

De nuevo el Lobo, más enfurecido que antes al sentirse engañado, se colocó delante de la puerta y comenzó a soplar y soplar gruñendo:

- ¡Cerditos, abridme la puerta! - No, no, no, no te vamos a abrir. - Pues si no me abrís...

¡Soplaré y soplaré y la casita derribaré! La madera crujió, y las paredes cayeron y los dos cerditos corrieron a refugiarse en la casa de ladrillo de su hermano mayor.

The wolf continued down the lane and he passed by the second house made of sticks; and he saw the house, and he smelled the pigs inside, and his mouth began to water as he thought about the fine dinner they would make.

So he knocked on the door and said:

"Little pigs! Little pigs!

Let me in! Let me in!"

But the little pigs saw the wolf's pointy ears through the keyhole, so they answered back:

"No! No! No!

Not by the hairs on our chinny chin chin!"

So the wolf showed his teeth and said:

"Then I'll huff

and I'll puff

and I'll blow your house down."

So he huffed and he puffed and he blew the house down! The wolf was greedy and he tried to catch both pigs at once, but he was too greedy and got neither! His big jaws clamped down on nothing but air and the two little pigs scrambled away as fast as their little hooves would carry them.

The wolf chased them down the lane he almost caught them. But they made it to the brick house and slammed the door closed before the wolf could catch them.

- ¡Quién teme al Lobo Feroz, al Lobo, al Lobo!

- ¡Quién teme al Lobo Feroz, al Lobo Feroz! - cantaban desde dentro los cerditos. El lobo estaba realmente enfadado y hambriento, y ahora deseaba comerse a los Tres Cerditos más que nunca, y frente a la puerta dijo:

- ¡Cerditos, abridme la puerta!

- No, no, no, no te vamos a abrir.

- Pues si no me abrís... ¡Soplaré y soplaré y la casita derribaré!

Y se puso a soplar tan fuerte como el viento de invierno. Sopló y sopló, pero la casita de ladrillos era muy resistente y no conseguía derribarla.

The three little pigs they were very frightened, they knew the wolf wanted to eat them. And that was very, very true. The wolf hadn't eaten all day and he had worked up a large appetite chasing the pigs around and now he could smell all three of them inside and he knew that the three little pigs would make a lovely feast.

Three Little Pigs brick house

So the wolf knocked on the door and said:

"Little pigs! Little pigs!

Let me in! Let me in!"

But the little pigs saw the wolf's narrow eyes through the keyhole, so they answered back:

"No! No! No!

Not by the hairs on our chinny chin chin!"

So the wolf showed his teeth and said:

"Then I'll huff

and I'll puff

and I'll blow your house down."

Well! He huffed and he puffed. He puffed and he huffed. And he huffed, huffed, and he puffed, puffed; but he could not blow the house down. At last, he was so out of breath that he couldn't huff and he couldn't puff anymore. So he stopped to rest and thought a bit.

Decidiótreparpor la pared y entrarpor la chimenea.

Se deslizó hacia abajo... Y cayó en el caldero donde el cerdito mayor estaba hirviendo sopa de nabos. Escaldado y con el estómago vacío salió huyendo hacia el lago. Los cerditos no lo volvieron a ver.

El mayor de ellos regañó a los otros dos por haber sido tan perezosos y poner en peligro sus propias vidas, y si algún día vais por el bosque

y veis tres cerdos, sabréis que son los Tres Cerditos porque les gusta cantar:

- ¡Quién teme al Lobo Feroz, al Lobo, al Lobo!

- ¡Quién teme al Lobo Feroz, al Lobo Feroz!

FIN

But this was too much. The wolf danced about with rage and swore he would come down the chimney and eat up the little pig for his supper. But while he was climbing on to the roof the little pig made up a blazing fire and put on a big pot full of water to boil. Then, just as the wolf was coming down the chimney, the little piggy off with the lid, and plump! In fell the wolf into the scalding water.

So the little piggy put on the cover again, boiled the wolf up, and the three little pigs ate him for supper.

THE END

CONCLUSION

Reading is a magical activity that can transport you to wonderful places and faraway lands without even having to leave your home. I truly hope that this book was able to do that for you. Even more importantly, I hope you were able to improve your second language skills at the same time.

Before we bid our farewells, here is a short checklist for you:

- Did you feel that your reading skills in Spanish/English improved as you read the fairy tales?
- Did the audio help you enhance your listening skills in either Spanish or English?
- Were you able to follow along to the words to practice your pronunciation?

I certainly hope you did. Even more importantly, I hope you had a wonderful time reading the fairy tales and listening to the narration.

Finally, I hope this book was able to enrich your reading life and push you towards even more reading adventures. It will be a great help in polishing your Spanish or English language skills.

If you need more help with learning Spanish, please visit http://www.mydailyspanish.com. There are so many great materials there waiting for you to discover them. Whether it's help with grammar, vocabulary, or Spanish culture and travel, I'll always be here to help.

Merci,

Frédéric

INSTRUCTIONS ON HOW TO DOWNLOAD THE AUDIO

- Go to this link: https://mydailyspanish.com/download-fairy-tales-mp3/
- You will see a *CLICK HERE* button on that page. When you click on that, it will take you to a Dropbox folder.
- You will see that the MP3 files are saved in the Dropbox folder. If you're not familiar with what Dropbox is or how it works – no need to panic – it's simply a storage facility.
- There is **NO NEED** for you to create a Dropbox account and **NO NEED to sign up** if you don't have an existing Dropbox account. All you have to do is locate the *DOWNLOAD* button on the Dropbox folder (clue: it's at the upper right portion of your screen). Just click that button and start the download.
- (Note: If you have a Dropbox account, you can choose to save it to your own Dropbox which you can then access anywhere on connected devices.)
- The files you have downloaded will be saved in a *.zip* file. Simply extract these files from the *.zip* folder, save to your computer or copy to your preferred devices...*et voilà!* You can now listen to the audio anytime and anywhere.

Additional Instructions for iOS Users

My Daily Spanish products are completely compatible with all iOS devices, but due to the limited control of the file system in Apple devices, you may need to do few more steps. (A video instructions is available on the download page)

Do you have any problems downloading the audio? If you do, feel free to send an email to contact@mydailyspanish.com. I'll do my best to assist you, but I would greatly appreciate if you could thoroughly review the instructions first.

Thank you.

ABOUT FRÉDÉRIC BIBARD

Frédéric Bibard is the founder of mydaliyspanish, a Spanish language and culture website.

Visit his website www.mydailyspanish.com

Made in the USA
Coppell, TX
11 August 2020

33099571R00063